U0431459

978 7536498549

停止溺爱你的孩子

［丹麦］贾斯伯·尤尔 ◎著　　　任洁 ◎译

四川科学技术出版社

图书在版编目（CIP）数据

停止溺爱你的孩子 / （丹）贾斯伯·尤尔著 ；任洁译. -- 成都 ：四川科学技术出版社，2020.6
ISBN 978-7-5364-9854-9

Ⅰ．①停… Ⅱ．①贾… ②任… Ⅲ．①家庭教育 Ⅳ．①G78

中国版本图书馆CIP数据核字(2020)第100494号

四川省版权局著作权合同登记章　图进字21-2020-218号
© 2016 Beltz Verlag in the publishing group Beltz · Weinheim Basel
Familylabassociation.com

停止溺爱你的孩子
TINGZHI NI'AI NI DE HAIZI

出 品 人：程佳月　　　　　　责 任 编 辑：何晓霞
著　　者：[丹麦]贾斯伯·尤尔　责 任 出 版：欧晓春
译　　者：任　洁　　　　　　封 面 设 计：仙境设计
编　　辑：周美池
出 版 发 行：四川科学技术出版社
　　　　　　地址：成都市槐树街2号　邮政编码：610031
　　　　　　官方微博：http://weibo.com/sckjcbs
　　　　　　官方微信公众号：sckjcbs
　　　　　　传真：028-87734035
成 品 尺 寸：140mm×210mm
印　　张：6.5
字　　数：130千
印　　刷：天津旭非印刷有限公司
版次/印次：2020年9月第1版　2020年9月第1次印刷
定　　价：48.00元

ISBN 978-7-5364-9854-9
版权所有　翻印必究
本社发行部邮购组地址：四川省成都市槐树街2号
电话：028-87734035　邮政编码：610031

前言

我们的世界正以前所未有的速度发生着变化。每个人都在试着拼命跟上它的脚步，并为我们以及我们的孩子去寻求适应变化的可能性。好消息是在这方面我们已经屡获成功。今天，随处可见的智能手机、平板电脑和其他电子设备，对我们每个人或每个家庭的影响就是一个个形象生动的例子。我们已经逐渐放弃了10年前对大量的技术革新普遍存在的批判、担忧和防御的态度，开始允许儿童参与"电子产品自由日"或者是"电子产品自由周"，而家庭也找到了轻松、恰当的方式及方法来限制孩子们在电子产品上的用眼时间。由此，人际互动的价值再次浮出水面，当父母有勇气去制定新的标准的时候，孩子们也会心服口服。

在照顾老人上，我们这一代人需要做出很大的改变，幼儿园和学校也不得不去改变他们的教育思维和方式，成人之间对待婚姻以及其他亲密关系的态度也需要转变。

一边是我们对合作和适应的愿望，另一边是对集体（完整性）和个人边界的需求，如何在两者间找到平衡点也越来越多地成为我们现今关注的焦点。我们是否变得过于个性化以及以自我为中心，或者我们能否接受社会变化过程中所出现的悲伤和失望？对这种平衡的寻求是一项伟大的挑战，同时，那些集万般宠爱于一身，在父母生命中处于绝对中心的孩子们现已长大并开始寻求为他人的福祉做出贡献的可能性。我们其实都知道，即使是在今天，要使孩子们充分发挥出他们的潜能，也还是需要我们给予大量的支持和鼓励的。

孩子需要父母作为"领头狼"，以便在生活的丛林中找到自己的生存方式。他们需要父母，有时候——并不会发出明确的、清晰的信号。今天，我们看到许多的家庭，由于父母非常担心伤害到孩子，就让孩子变成"领头狼"，而父母则会在丛林中迷失方向。引领在我们这一代人眼里看起来似乎轻而易举，但是事实并非如此。如今，很多人即使已经为人父母，却仍然搞不清楚如何在权利均等的情况下以家庭的方式一起生活。人们需要相互沟通、需要去问自己：作为家庭的基本成员，我想要的是什么？作为家庭的建立者，对于我们共同的家庭来说我想要什么？对于我来说，哪些东西是 20 年或是 50 年以后依然珍贵，并值得传承下去的？提这些问题容易，回答却难。就好像每一次危机的出现，带给我们痛苦的同时也会带来生命的蜕变。

社会的基本组成单位都是家庭。无论是家庭形式的多样化还是居高不下的离婚率，都和以爱为基础的关系密不可分。在欧洲，我们可以看到从"我们——家庭"到"我——家庭"的逐渐演变。如今，每个家庭成员都可以在这个世界上获得无限的机会，从而得到决定一生的重大选择的可能。这些选择的质量在很大程度上取决于自尊感和领导价值导向，而这些在发展过程中可能会发生变化，也可能会长期保持不变。诸多因素——经济、社会、心理和人口基数推动了这一变革的进程。

现在，在一些国家能看到的第一个迹象是人们为了在自己的大家庭、在当地社区、在移民以及其他社会团体中更好地融入，而积极去寻找"我——家庭"的适应的可能性。目前的经济环境提醒我们要更加关注老年群体，所有这些愿景都要求我们不要纠结在诸如"施予者"和"接受者"等概念中，而是要将人类的公正平等、个人边界、真诚和责任融入我们的所思所行之中，并去开辟一条新的道路。

本书第 7 章的讨论始终贯穿着一个问题，即我们是否真正有在为保障儿童的利益及促进他们的健康而努力。当然，这是针对成年人。为了不去机械地适应这些社会标准和规范，我们需要有一个明确的价值观。当一个社会基础发生变化的时候，我们需要去审视旧的概念，并在必要的时候对新的概念进行定义：个人权威、个人责任（第 1 章）、权利的悖论（第 8 章）。我们如何去获得那些决定我们生活的信条？我们应该按照谁的想法去生活？简而言之：究竟谁是对的？谁是错的？家庭中究竟应遵从谁的意志生活？

在过去的 30 年中，关于家庭的价值观和核心范式变得越来越清晰——在此要感谢无数的家长和教育家们，他们倾其一生致力于这项任务——儿童和成年人怎样才能更好地在一起生活和工作。儿童的反馈——无论是以语言还是行为的方式——都起到了不可或缺的作用。与此同时，我们在一些领域，特别是神经科学、家庭治疗和发展心理学中汲取的重要知识，为我们提供了宝贵的数据和视角。在此我有幸来分享这个变化，不仅仅基于我的职业原因，而且是作为一个父亲和祖父。尽管这个变化方兴未艾，我还是想在本书中就我的见解和建议做一些阐述。我希望，为人父母的你们，或者其他那些致力于成年人教育指导工作的人可以从中获取一些灵感，无论你们是经验丰富还是初学乍练。

关于"妇女问题"——从 20 世纪 60 年代就开始流行，而至今仍然未被解决。正是从那时到如今，我都参与其中，无论是在职业生涯中，还是在我的私人生活中，或是作为女性的伴侣——而且在很多年前就有人邀请我写一本关于母亲的书。我一直都没有同意，原因其实很简单，因为我既不是女性，也不是母亲，所以我的关于妇女问题的知识大多源于间接经验。从另一方面来讲，我这么多年来一直作为治疗师、咨询师和教育家，与女性家长、女同事、女老师以及许多其他女性一起工作，从而对女性有切实、全面的理解，共情能力得到了进一步的发展。因此，现在来看，或者其实就此写一本书也是可以的。我想要从合作共赢角度，从一个男性的视角来阐述。我这方面的灵感直接来源于《时代周刊》（2012 年 5 月 21 日）封面上那个曾经轰动一时、一个母亲给她 6 岁的儿子喂奶的照片。然而，我真正的写作动机却是因为那些总是捕风捉影的方式和方法，正如媒体中所呈现的那个母亲那样。女性和母亲只有在为自己创造一个充实的生活，并尽可能地去做好伴侣和母亲的角色，才能够从外界获取所需要的支持。

性别角色的转换以及两性之间为了所有家庭成员幸福满意的斗争，和父母引领的问题密切相关，这也是本书的核心。在这里要对一个老掉牙的问题找出新的答案，这对于每个参与者来说都不容易，而且这也包含着一个痛苦的过程。如果你是女性，也许你会觉得我所说的带有批判性甚至是有些尖锐，我希望你能感受到它背后的关心和尊重。如果你是男性，我建议你认真去审视一下自己的角色，去看一看你作为儿子、男友、丈夫以及父亲所产生的影响。因为在这种现象中存在妨碍妇女和母亲充分发挥人的潜力和人际潜力的某些因素，当这些问题被置于特定的社会和政治情境下很容易解释，这些现象也适用于男性，尽管原因不同。对此，我将在第4章和第6章中讨论。

简而言之，一种新的范式意味着一种新的视角。我们不能总是墨守成规，为了看到新的事物并获得一些惊人的发现，我们需要去寻找一个新的视角。这很令人兴奋，不是吗？从某种角度看，人们普遍是保守甚至是有些恋旧的，而人类的大脑总是绝对化而不是选择性地去思考，这一事实使获得新视角变得不那么容易。不过，在本书中我还是想尝试一下。

你可能想要知道，为什么我用"领头狼"的主题来贯穿整本书。提到狼，很容易让我们想到攻击性，而不是和谐与平衡。而现在随着越来越多的狼群返回欧洲，狼形象也以一种迷人的方式随之发生着变化。曾经狼被认为是凶残和危险的，如今它们被看作是一种具有极高的社交智慧的生物。新视角下这个群体高超的领导策略让我十分着迷。它们完全具有家庭取向，并生活在一个经典的大家庭中。对它们来说，成为群体的优秀领导者并将狼群团结在一起是生存问题。我认为不管对狼还是对人类的家庭来讲，一个成功家庭的关键都在于关系和信任。从狼身上我们可以学到很多的东西，因此，"领头狼"这个词是一个积极的存在。

值得说明的有一点：如果希望在接下来的文字中读到一些教养方法什么的话，那么你会大失所望的。在亲子关系中是没有什么万能药的，那些声称有神奇方法的人通常是营销专家，而不是擅长于处理亲子关系或具有专业能力的人士。

对于教育方面的很多话题，那些教育工作者，以及和我从事一样工作的人可能都会各执一词，但是在这里，却有一个不争的事实。这个毋庸置疑的观点是：我们的孩子需要成人的引领。我们深以为然，如果没有引领，我们的孩子会变得很糟糕。有一次一位母亲写信给我，说她 2 岁的女儿早晨不想去幼儿园，但是一旦进了幼儿园之后就没事了，可是每次开车把她送到幼儿园的时候，她就是死活不下车。某天，母亲无意中在车上发现了三四个橡皮糖，就和女儿说："如果你现在去幼儿园的话，就可以得到一个橡皮糖。"当这位母亲给我写这封信的时候，她的女儿至少已经吃了 200 多颗橡皮糖，然后母亲就问："我现在应该怎么做呢？"我们都知道，过不了几个月，橡皮糖就不奏效了。在这种情况下，人们应该怎样对孩子进行正确的引领呢？就这个问题而言，答案看似简单，但实际上又很难。我们要去了解孩子、了解他们人格的边界，最大限度地去尊重他们、尽可能真诚地去和他们相处。这也是这本书的主旨。

目　录

第 1 章　儿童需要能够引领他们的成年人　　1

　个人权威的新定义　　5

　承担个人责任　　9

　影响一生的自尊　　11

　相互学习　　13

第 2 章　你可以信任你的孩子　　19

　每个孩子都想要合作　　22

　关注和共情　　24

　父母问贾斯伯　　27

第 3 章　领头狼和内在小孩　　31

　我是谁　　33

　父母问贾斯伯　　37

第 4 章 男性和女性引领　　43

回顾　　45

父母问贾斯伯　　48

第 5 章 作为妻子和母亲　　53

克服对自我中心的恐惧　　57

爱——无需自我毁灭　　60

从人格的完整到"说不"的权利　　64

在一个乖乖女身上究竟发生了什么　　66

母亲和女儿　　69

第 6 章 男性和父亲在哪里　　73

强强联合　　75

父母问贾斯伯　　80

第 7 章 我们真的想要一个强壮健康的孩子吗　　85

引领即关系　　87

推陈出新　　91

第 8 章 权力和引领的关系　　95

权力的悖论以及父母应如何使用权力　　98

第 9 章 孩子的未来即现在   103

作为父母，你想要什么   105

你能做什么   107

保持个性化，一个新的世界将会为你拉开帷幕   109

第 10 章 影响领导力的价值观   113

家庭和伴侣关系中的价值观   115

平等公正——接纳他人并认真对待   122

人格完整（正直）——个人边界、需求和价值观   124

追求真实——爱的关系里的核心   128

责任——对于社会以及自己   132

第 11 章 通过适应来成功：我们的集体错觉   137

什么是强大的小孩   141

对自己说是   144

父母问贾斯伯   146

第 12 章 领头狼的陷阱   151

新浪漫主义的风格：和谐高于一切   155

冰壶育儿：为小王子和公主肃清障碍   157

零阻力的方法   160

全面监控   162

作为项目的儿童   165

第 13 章 启明灯：青少年时期和作为成年人的孩子　　169
　童年之后　　174

第 14 章 当狼群混乱的时候要做些什么　　177
　对于孩子们之间的战争，我应该置之不理吗　　179
　我的女儿偷东西——我该怎么办　　181
　孩子可以和父母睡在一起吗　　184
　为什么 7 岁的孩子还在尿裤子　　185
　攻击性的争吵：干预，是或者否　　187
　怎么做才能消除孩子的恐惧　　188
　我们的家庭生活是一场独一无二的战争　　190
　如何让我的儿子离开电脑屏幕　　192

成为领头狼

第 **1** 章

儿童需要能够引领他们的成年人

我们是怎么知道的呢？我们从经验中得知：一般情况下，在很少或者没有成年人引领的家庭中成长的孩子通常发展得都不会太好，而且没有办法得到真正的成长。这里看起来似乎有两个原因。其中之一是，孩子们虽然很清楚他们的欲望和愿望，但是他们却不能很好地觉察到自身的基本需求；另外一个原因是，人们都需要恰当的指导去适应文化——无论是社会文化还是家庭内部的文化。换句话说：孩子们天赋异禀，但是他们缺乏生活经验以及纵观全局、前瞻后顾的能力。为了获取这些能力，他们需要成年人。

我们必须明白，引领和教育完全是两码事，即使这两个术语经常被混为一谈，甚至在日常用语中经常被混用。为了抚养和教育孩子，成年人必须承担起引领的责任。如果他或者她不想，或者说得更准确点不愿意，或是使用一种具有破坏性的方式去引领的话，没有人会成功——成年人将无法达到目的。而在那种情况下，孩子不会健康地成长，孩子的人格也会得不到发展。确切地说，本章的标题应该是这样的：为了在成年人和儿童之间建立有效和可持续的关系，成年人必须承担起引领的责任。每艘船都需要一个船长，每个家庭都需要他们的"领头狼"。

作为家庭咨询师和家庭治疗师，我已经工作了40多年。在我的职业生涯中，这个相关的议题和挑战是无时无刻都存在的。在过去的20多年里，来自各行各业的不计其数的家长向我抱怨关于孩子早上起床、收拾、睡觉、吃饭等之类存在的问题。这些方面本不应存在什么问题，但是许多家长和孩子们在为这些事情做斗争的事实其实恰恰是父母引领不够的明显表现。这并不是说这以前的家长引领得有多好——也并不是说那时候的方式有多有益于孩子们的幸福和健康发展。但是相比现在，原来的方式更清晰和一致，因此冲突也没有那么多。而如今这类父母对于引领的愿望听起来就好像是今天的父母不小心按错了按钮，现在只需要按下正确的键就好了。如你所知，这完全没有那么容易。

其实身陷困惑的不仅仅是父母，好几年前我就对现今流行的"对听话的孩子进行奖赏"的教育方式做了一个极具批判性的演讲。在演讲期间休息的间隙，一个小型的幼儿园的领导有些羞愧地和我说，我明确提出批评的教育理念和方法恰恰是他一贯所执行的。因此他们当务之急就需要重新去反思一下他们的教育理念，并且在引领概念的基础上做出一些根本的改变。用一个原始的方式去操纵孩子，无论如何也是行不通的。

当谈到家庭、学校或是在公司的领导力方面的问题，领导者和被领导者之间在传统上通常会被定义为一个主体—客体的关系——比如儿童或是员工作为客体。与此同时，我们都知道对于所有相关人员而言，主体—主体的关系会更行之有效，它们更有建设性与成效，其中同舟共济的意味也更强一些。它们在满意度、健康和生产力方面促进了关系的成功。

我清楚地意识到，这种认识开启了一种还未形成具体概念的新范式。从根本上来说就是每个人都可以被平等、公正地对待——这也是一段有质量的关系的根本所在。因此我选用了"平等公正"这个术语——这不仅仅指的是"男女平等"，也适用于成年人和儿童之间。理想化的成年人的引领包括以下几点：积极主动、共情（有同理心的）、灵活、基于对话和关心。

"积极主动"意味着成年人可以自主地按照自己的价值观和目标行事，而不是简单地回应孩子的言行。共情是真正去理解孩子的能力。灵活意味着能够并且愿意考虑孩子和自己的变化和发展——与总是"一成不变"的态度形成鲜明对比。关心和以对话为基础意味着认真对待孩子的的愿望、需求、想法、思维和感受，并给予尊重——即使他们与我们的想法背道而驰。对于使用这种新型引领方式的成年人来说，其中最重要的一个方面就是个人权威。这个术语我们将在下一节中进行详细的阐述。

总的来说，人们可以将一个家庭想象为一个空间。在这样的空间中，每一个家庭成员都可以极尽所能地获取他们达到最高生活质量所需要的一切——而同时尽可能将对家庭的不利因素降到最低。如果人们想要在达到家庭成员人人平等的基础上发挥引领作用的话，就必须要确保家庭成员的集体和个体需求之间的平衡。当然，这也适用于幼儿园、中小学校以及足球俱乐部，这些地方也涉及集体和个体需求的平衡。

个人权威的新定义

直到 20 世纪 60 年代后期，成年人的权威性都建立在几乎无节制地使用和滥用权力的自由上。这种自由反过来又与母亲、父亲、教师、警察或相关人员的社会角色密切相关。与信任和尊重相比，这种形式的权威给儿童带来了很多的恐惧和不安全感。这种焦虑、恐惧将会在以言语威胁和身体暴力的形式表现的权力的使用（或滥用）中沿用下来。另一个强大的权力武器就是总是置身于各种条件之下的形式各异的爱。

一些在孩子眼中通常被视为"严厉但公正"的老师和家长可以从他们的孩子和学生那里得到真正的尊重，尽管大多数权威都是冷酷无情且根据自己的需求肆无忌惮地使用其权力。这是程式化的，和缺不缺乏爱没有关系。这就是在大多数家庭里爱的表达以及机构中教育工作者的工作方式、方法。

在 20 世纪 70 年代和 80 年代，有两个重要的发展永远改变了这些旧的规则和模式。一个是反权威运动，这使得成年人开始质疑亲子关系中他们所扮演的角色。另一个是女性决心摆脱传统角色，将自己的命运和幸福掌握在自己手中的运动。这两个运动都暴露了权力曾经是如何被使用和滥用的，以及弱者曾受到怎样无情的压迫，以至于他们忍无可忍，无法再在沉默中接受。

当一个孩子降临到这个世界上的时候，他蓄势待发、充满好奇地去迎接未来发生的一切。他既不会质疑自己的存在，也不会质疑自己存在的权力。20世纪70年代起，学前教育和学龄儿童的教育领域发生了变化，"适应"的教育目标逐渐被"个性的发展"取而代之——至少在理论上是这样的。学校（特别是在一些国家），开始了从专制到民主的转变，而这个过程很大程度上是缓慢而艰难的。从简单粗暴的"就这样定了"到现在的"你觉得怎么样？我们应该怎样更好地达成一致呢"。人们个体化的价值第一次得到尊重，当然这也使得之前的人们所熟悉的领导风格不再行得通。事实上这种变化是多么的明显，许多专家开始就"家庭的死亡""校园混乱"以及类似的一系列恐怖的情境写一些文章。那些守旧者毫不掩饰地去怀念那些"曾经的美好时光"，在那时，女性和孩子只是"被看见，但却没有被听到"。

诚然，成年人的引领永远都不会再像从前那样了。因为我们需要去努力找寻到我们所需要的一切。在一个现代社会中，领头狼指的不仅仅是人格的整合，而且是在引领中不伤害到自己。集体中的每一个人都很重要，这也是当今家长和教育工作者在教育孩子时必须认识到的。他们是真正的先驱者，我们应该为他们每天为之孜孜不倦的努力而鼓掌。也许最终他们的投入和经验会将人类心理学的发展推向一个与科学技术和经济发展相当的水平。

如上所述，这一变革过程中最重要的因素之一是个人权威。它是传统的、基本权威角色的一个忠实的替代品。个人权威是基于自我价值感、自我认知、自尊、自信以及我们认真对待个人价值观和界限，而不会屈服于自我膨胀的诱惑的能力。 最后，但同样重要的是，它基于我们认真以及以同理心和尊重的态度对待他人的能力。毫无疑问，退回到老师的角色比使用自己的人格去说服别人更为容易。

为什么这对我们大多数人来说是如此的困难呢？ 在我看来，原因有三点：第一，大多数人所受的教育都是适应和比较，因此在这个过程中忘记了自己的个性；第二，对自我中心或是自我迷恋的标签的恐惧；第三，我们严重缺乏可以借鉴的榜样。这也就意味着，我们中的大部分人都是在那些对 " 我们是谁 " 不怎么感兴趣的父母和教育工作者的呵护下成长起来的——所以我们自己也从来没搞明白过这一点。我们正面临的个性化生存和交流的挑战，是我们不曾从原生家庭和学校学到的。但是对我们的孩子以及我们成年人自己来说，这种寻找是物有所值的。作为父母和教育者，为了共同生活的宗旨，即使是对很小的孩子，我们也要尽可能地去认真对待他们的聪明才智和社会性，而不再是去抑制他们。

好消息是，所有这些都是行得通的，而且它将改善我们的生活质量、工作以及人际关系。如果我们愿意的话，我们还可以和孩子们一起学习或是从他们那里学习！ 但是，如果我们依然墨守成规、秉持旧有的态度，就会失去孩子和学生对我们的尊重。您可能无法像以前那样做出一堆大大小小的决定，但是您会给孩子们带来更深刻的印象和更强大的影响力。

　　由于失去了使我们感到安全感和价值感的保护栏，所以，开始的时候会感觉到焦虑和担忧。因此，现在是时候来认识个人权威的孪生姐妹了——个人责任。

承担个人责任

个人责任源于对自己的行为和决定负责的认知——包括我想以何种方式与家人一起生活、如何照顾他们，以及如何抚养孩子。也许我的兄弟、父母会试图想要影响我，也许他们甚至想要告诉我对错之间的区别。但最终，他们既不会对我的决定负责，也不会和我一起承担后果。责任在我，幸运的是，我可以与我的伴侣一起分担。

"完美的父母"这个想法本身就是荒谬的。孩子能够拥有的最好的父母是那些能够意识到自己的错误，并为之负责任的父母。那些不能为自己的人生以及错误负责的父母最后会沦为一个受伤者，而且他们自己也会把自己当成受害者，这无论是对成年人，还是对孩子来说都是毫无裨益的。

请注意，我说的是责任而不是义务。我们为亲人和爱人的所作所为来承担的责任是亲密关系的本质所在，但是我们没有义务为他们承担所有责任。只要我们的孩子还在和我们一起生活，那么我们就百分之百地去负责他们的发展。这就是父母的力量。换句话说，你不应该为你的不完美或是你没有在一开始将所有都做到尽善尽美而感到内疚。但是你要去注意你接受到的反馈，认真对待这些反馈，并为你的错误和不足承担责任，这会使你的内疚感慢慢消散，并随着时间的推移消失殆尽，而不是去毒害你的生活。

如果我和孩子的关系很好，那是我的功劳。如果不好，那就是他的错，或者是他的责任。这是成年人和儿童之间的关系中最古老、最具破坏性的认识之一。成年人总是会因为孩子或学生犯错误而责备他们。多少年来，这种双重标准已经成为家长和老师心照不宣并信奉的借口。而今，这仍然被广为流传。尽管人际关系的本质就是求同存异，达到和谐共处，但是，如果我们从这种错误的信念中解放出来的话，我们的行为就会发生变化，这也是我们获得个人权威所能做的最具有力量的事情。如果我们不这么做的话，我们的权威将空无一物，因为在这种情况下我们会将自己定义为受害者，然后去行使我们身体、情感、语言、社会和经济的力量，在这种情况下是不会发生质的改变的。

在成年人和儿童之间每一段较长的关系中，成年人都对这种关系的质量负有百分之百的责任。虽然孩子对这种良好关系具有一定的影响力，但他们根本无法对彼此关系的形成过程负责。如果要他们承担或是追究其责任的话，他们就无法正常发展。对于儿童的发展来说，他们生活中最重要的成年人对责任的处理方式至关重要。

个人责任和权威使我们能够说出我们想要什么、不想要什么，我们喜欢什么以及不喜欢什么。为了赢得孩子们的尊重和信任，在这一点上我们至少需要做到50%。而剩下的50%，就是我们的同理心和愿望，去了解他们是谁、他们想要什么、不想要什么、喜欢什么、不喜欢什么。这不仅可以重建我们的自尊，还有助于孩子自尊的建立。

影响一生的自尊

大多数关于父母和教养之类的书都极力在描述儿童的需要，而很少提及父母的需要，这一点很有意思但又有些令人沮丧。因为我们为孩子所做的一切大多取决于我们是谁、我们的生活故事是怎样的，以及我们在自己的原生家庭里发展出的生存策略。这是很让人遗憾的。

我的意思并不是说在成为父母或是教育家之前，我们都必须要先做一个深度的心理治疗。我只是觉得作为家长，我们有责任了解到这一事实，并在必要的时候去做些什么。这些在上一代人看来有些大逆不道或是破坏权威的言论，在今天看来却是理所当然的。

对自信进行界定会有助于我们对自尊的理解。上上代人中的许多女性对于做母亲都比较自信，因为她们很早就在她们的母亲的指导下去照顾弟弟妹妹了，而且有的还在其他家庭中当过保姆。对于今天的年轻女性而言，这是极为罕见的。因此，她们也常常会在身为人母时怀疑自己的能力。这种脚下缺乏"扎实基础"的感觉对于当今年轻的父亲来说也很典型。

自信是通过实际应用、实践和教育建立起来的，并且与某些特定的能力相关。对于那些年轻的父母来说，也许他们在学术能力、运动、艺术或是在辩论以及电脑游戏上自信满满，但是在为人父母这件事情上，他们的自信却是远远不够的。这绝不是说他们不够资格，只是说他们必须尽可能多地与孩子们待在一起，一起获得经验，而且还要趁早。在抚养第二个孩子的时候大家可能都会更有经验，尽管两者不尽相同，在这个过程中，他们也将再次获得新技能。

自信和能力、成就有关，和我们能做些什么以及能做好些什么有关。而自尊感完全是另一个概念。自尊感的第一个维度和"我们是谁"以及"我们如何看待自己"有关。它描述的是一种其发展几乎完全取决于父母的引领的"存在现象"。如果在我们小的时候，父母能够对我们的想法和感受表现出浓厚的兴趣，并充满好奇地去对待我们的行为和反应的话，那么我们成年之后就会更加了解我们自己。我们每个人都有一个现实的以及个性化的自我形象。自尊感的第二个维度——我们如何去看待我们的认知和兴趣、我们是谁——完全取决于我们的父母，取决于他们的行为、价值观和目标。最重要的是，他们的自尊感是怎样的，是高还是低，以及在这样的自尊感之下他们是如何生活的。

成年人，建立自尊需要通过许多下意识的努力。你可以随时启程，条条大路通罗马。就我自己的经验而言，在伴侣及亲子关系中，对整个家庭来说，学习都是最行之有效、最轻松，也是最容易成功的一条路。接下来就是成年人引领的另一个基石——相互学习。

相互学习

在传统意义上，教养或是抚养孩子被视为一种单行道。按照这种观点，似乎指的是成年人只要单方面将自己认为最有价值和最重要的东西灌输给孩子就可以了。这种单行道现在已经被证明是片面的，不可取的。

当我向父母们提出这种互相学习的概念的时候，总会有一些父母被激怒，他们问道："你是认真的吗？""你真的认为孩子可以教我们如何去做父母吗？""你是不是疯掉了？"他们提出这样的问题，只是因为这种老掉牙的单行道思维。

即使是孩子才几天大的父母也知道什么是相互学习，以及这种方式是如何运作的。从孩子呱呱坠地的那一刻起，我们就开始关注他们、对他们充满了兴趣和好奇：小家伙现在需要什么？他哭什么？他是太热了还是太冷了？他是不是饿了、生气了，还是困了，还是他的尿布需要换了？他似乎不怎么喜欢某个人，但是另一个人来的时候他又总是兴高采烈的。每天他都会给我们搞出一大堆的问题，然后我们通过不断的尝试和试错的过程来了解他们的一切。没有宝宝这种给予反馈的行为，没有他们的提示，我们就只会两眼一抹黑。

　　然后——通常在孩子 1 岁多的时候——我们的想法会忽然发生一些变化；当孩子 2 岁多的时候，我们的那些想要去发现自己的孩子是谁以及他们在做些什么的好奇心会慢慢消失，取而代之的是孩子应该是怎样的或是应该变成怎样。父母渐渐发生了变化——从学习到灌输、从引领和自我引领到指导和纠正、从对话到独白、从相互学习的过程进入"权力"斗争中。对孩子的教育理念也从顺其自然、如何发展其创造力变成一个从此时此刻开始到未来某天才会结束的项目。

　　所有的所谓的正确教育方式本身已经够糟糕了，但是如果这些仅仅发生在孩子和教育工作者之间或许还是可以忍受的。可是事实并非如此。这些同时也会给父母带来巨大的压力，并迫使他们使用曾经排斥的方式方法去引领、教育他们的孩子。他们变得不可理喻，而"好戏"也从此拉开帷幕。他们能这样做下去，是因为许多家长非常害怕自己的孩子不符合标准。如果你属于这类父母的话——请停下来思考一下！如果你每天仅几个小时将自己的孩子托付给这些教育工作者是完全没问题的——但是绝不能把作为父母的权威和人格完全让渡给这些教育工作者。

　　互相学习的过程需要一生之久，一段关系只有在平等的情况下才能获得最大的成功。由于极大的权力差异，父母和孩子之间的关系永远不会平等。这种差异也是为什么我引入"公正平等"这个词的原因——它描述了父母教育孩子应该确立的精神。这里有一个例子：

马克斯 3 岁了。

父亲：起床了，马克斯，该刷牙了！

马克斯：但是，爸爸，为什么呢？我不想刷牙！

父亲：你知道你为什么不想刷牙吗？

马克斯：不知道，我就是不想。

父亲：好可惜，我真的很想知道。

马克斯：可是我不知道。

父亲：那好吧，那你就想想，想好了告诉我。在你想的过程中我们先刷牙。

马克斯：但是我说了，我不想！

父亲：是的，我听见了，但是你是一个小孩子，我要为你的健康负责。来吧，刷牙！

马克斯：好吧，但是你要注意不要弄疼我。

如果你追求旧范式，你会发现这种对话浪费时间。父亲知道他肯定会刷儿子的牙齿，那为什么还要花这么多时间和精力呢？他的方式表明他在认真对待自己的孩子。对一个孩子来讲，在他被大刀阔斧整改的时候如果只能大喊"是"的话，他们就会丧失尊严（对成年人来讲亦如此）。大多数孩子在这种情况下的反应是和父亲对着干——一跑了之，牙关紧闭，或是用手捂住自己的脸。这时我们已经身处权力斗争之中了，只是因为孩子还不能很好地用语言表达自己的想法，"听着，爸爸！也许我会让你给我刷牙，但是无论如何我都不会让你剥夺我的个人尊严——这没门儿!"

每当孩子们试着去保护他们的人格完整性的时候,他们总是有着一个很好的理由——即这是他们体验事物的方式和方法。在这点上孩子和成年人是类似的。因此当你和孩子处于权力斗争中的时候,大多数是因为你想要权力,而你的孩子却在试图保护他们的人格完整性——这也包括他们的尊严。孩子们并没有兴趣去拥有父母所拥有的权力,相比而言,他们更重视自己的自主权和人格边界,他们会为之而战,直到伤痕累累和颜面扫地。在半个世纪之前,孩子们只能无条件地服从父母的要求,但在他们的内心世界却是受到了人格、尊严上的伤害。这种伤害通常是永久性的,会让孩子在余生中都饱受折磨。

每个孩子都是独一无二的,父母也是如此。孩子们并不知道他们的父母有着和他们不尽相同的个人边界,他们总是在不断触及且跨越这些边界,通过接收到的语言和非语言的反馈去学到一些东西。在这里,引领就发挥了指导的作用。当你1岁半的儿子爬到你的膝盖上,他的手在你的电脑键盘上乱动时,请握着他的小手,用眼睛友好地看着他,并和他说:"听着,我的儿子。我不想让你动我的电脑。帮个忙好吗?"他可能想要和你玩,所以他摇摇脑袋坚定地看着你,和你说"不!"如果这时你给他一个拥抱,吻他一下,把他放在地上,然后说声"谢谢!"他还会再继续那么做吗?当然,他会的。他整日忙于从自己、父母以及这个世界学习成千上万的新东西,他要一而再再而三地去重复探索以将其内化。如果你担心你的电脑被弄坏的话,请在他再次爬上你膝盖的时候关了它。

你的儿子像你的父母一样无条件地爱着你，他加倍地信任你，他认为他们拥有着这个世界上最好的父母。在 5 岁的时候他们就从父母、幼儿园的每个人、祖父母、叔叔婶婶还有他们最好的朋友的父母那里积攒了数千种关于界限、规则、价值、惯例以及指导方针的经验。所有的这些经验都将被他们整合到人格和行为之中。对于成年人来说，他们可以根据自己的意愿去完成这个过程，但这对于学龄前的儿童来讲是一项不可思议的任务。他们需要值得信赖的引领。他们需要家长的个人权威，但这并不意味着孩子就应该臣服和合作。

第 **2** 章

你可以信任你的孩子

在我成长的过程中，我的母亲曾经说过："如果没有我们——你的父母——你将永远不会成为一个很好的人！"她对这句话坚信不疑，而她并没有想过这句话会给我带来怎样的负面影响。为了符合他们的期待，我像一头老黄牛一样不停地工作，并为之付出了沉重的代价。作为儿子，甚至作为一个人，我感觉不到自己的价值。而我又无从去责备我的母亲，毕竟，她只是拷贝了她父母的行为。我们父母那一代总是说他们的孩子不成熟、不听话、不合群、没有共情的能力。他们要尽快让孩子达到这些所谓的素质，并将这些素质整合起来。这种认识是基于对西格蒙德·弗洛伊德理论的一种曲解，但这主要也是基于那个时代的道德观。

　　而今，我们认识到了儿童是如何成长和发展的，对他们的能力和素质的旧印象也发生了变化。如今养育孩子更多的是用知识而不是用道德（道德上的教训）。就成年人的引领来说有三点非常重要的发现：

　　○ 第一，"到底是什么在起着主导作用，是生物学因素还是环境因素？"神经科学已经回答了这个问题，生物学因素和环境因素共同塑造了儿童的行为。每一个婴儿都拥有着无限的潜力，他们带着无数种可能和特有的大脑结构降生到这个世界上，但接下来如何发展很大程度上取决于孩子的人际关系和社会体验。

○ 第二，孩子根据父母的行为模式，相应地去适应和调整自己的行为。他们在这么做的时候是不假思索的，从这个意义上，我们可以说孩子对自己的行为是没有责任的——无论这点是父母想要的或是不想要的。

○ 第三，儿童的反应总是有意义的。反应不是无端发生的，也不是神经质的，而且也谈不上好坏。这些反应只是对成年人——孩子生命中最重要的人的反馈。与新生儿类似，这种反馈有时很难甚至无法破译，但它始终代表着合作的意愿，也代表着孩子试图在家庭里变得有价值。

每个孩子都想要合作

在我的一些书中曾对儿童合作的现象做过大量的描述。这也是关于对孩子合作愿望的认识，或者简单来说他们对父母行为（内在或是外在）的模仿。

"合作"这个概念在某种意义上本来就是悖论性的，因为尽管儿童的行为对亲子关系来说是有意义且总是充满挑战的，但又不总是如父母所愿。幼狼的行为并不总是会让领头狼满意。这里有个例子：

利亚姆今年 3 岁，他总是拽妹妹的头发。他的父母试着去劝他并专门和他谈过这件事，但都无济于事。最后他们决定使用"禁闭"的方式作应对。他们让他回到自己的房间，关上门，不经过允许不能出来。这样几次之后，他改变了他的做法。他跑去妹妹那里，摸了摸她的头发，然后回到自己的房间，待上 5~10 分钟。

他很忠诚地效仿着父母的行为，并回应着谁（至少他是这么理解的）。通过这样的方式，他弱化了惩罚，避开了羞辱，并确保自己的人格完整性没有受到损害。他调动了自主能动性，在被排斥的痛苦体验和孤独之间，他选择了孤独。

从一开始，父母就没有"看见"利亚姆的这种（错误的）行为。他们不理解他所遇到的困境，他不再是家庭里唯一的孩子，他已经失去了他曾经拥有的完整的东西。他们看到的只是暴力和嫉妒的暴发性表现，然后他们用惩罚做出回应。虽然利亚姆一遍又一遍耐心地传递着他的信息，但是父母就是不明白！他已经感觉到自己被排斥在外了，现在他还真的是被排斥在外了。而且通过他自己创造性的解决方案：尽管他创造性的解决方案只能部分满足父母的要求，但他认定他不会因此受到什么伤害。

如果利亚姆的父母意识到他这么做的意义所在并且试着去和他站在一起的话，就会选择另一种形式的引领。父母中的一方可能会和他一起去购物、在沙滩上散步、和他一起做煎饼，或是一起洗车——重要的是，父母一方会单独和他待在一起，并可以这样和他说："利亚姆，听着，你经常去拽妹妹的头发，我现在终于意识到你其实对她成为我们中的一员还没有真的习惯。你能和我说一下你的担心吗？"无论有没有得到答案，仅仅是这种邀请就可以使他不再去拽妹妹的头发，因为他被看到了，他能够感受到被珍惜和被重视。

关注和共情

正如我们所想，儿童不需要太多的关注，但是他们需要一个关注且信任他们的成年人。这种引领的形式——基于信任和共情——不是说要取悦儿童，而是一种以家庭为中心的表达，每一个人从中都能够得到他们需要的或是想要的。

信任是关键词。试着想象一下，你和两个爱你、信任你，并且无论在生命还是心理健康上你都可以毫无顾忌地依赖的人生活在一起是怎样的感觉。然后再想象一下，如果这些人从来都不相信你的善意，并总是消极地去解读你的行为，你又是怎样的感觉。若是生活在不亲密的关系中，大部分健康的成年人都会崩溃或出现暴力。儿童的抗压能力相对更强一些——他们只是会丧失自尊感以及那种他们对于父母是有价值的感觉。

在旧有的模式中，信任就是父母的期待的同义词，他们希望孩子如其所愿，在特定的时间以特定的方式去发展。他们希望孩子听他们的话，如果孩子不听话，他们就会失望。我们要尽量不让孩子通过顺从的方式来赢得我们的信任。我们尽可能给予孩子无条件的信任，我们传递给他们这样的信息：我相信你，你一直努力地配合并想要为家里做些什么，假如我不能很好地去理解你的行为时，我会请你帮忙和澄清的。

父母有时不得不面对的一种困难情境之一，就是当孩子撒谎的时候。这通常会顺理成章地造成一种不信任。我在这里谈论的不是学龄前儿童那种具有生动想象力的话语，而是一个真正的、确凿的谎言。如何避免孩子撒谎，而与父母合作？如何使其完全变成一种对家庭有价值的行为呢？当孩子做了一些事情，他们觉得父母无法接受真相的时候就会撒谎。不知所措——这是关键点：

> 如果我告诉我妈妈的话，她会疯掉，她会和我的继父吵得没完没了！
>
> 我不能告诉我的父母，我的父亲会发火，他发火时会让我毛骨悚然，然后我妈妈也会担心好几个月。我不喜欢她为我担心！
>
> 我父母是老古董——他们根本不会理解我。
>
> 我曾经试图告诉我妈妈在学校有人欺负我，但是一说她就开始哭，我不喜欢她哭，所以我现在不会和任何人说了。
>
> 我的父母不希望我和罗伯特一起玩，所以我不会告诉他们，他是我最好的朋友。

所有的父母很有可能都会这样说："你说得没错，但是这也不能成为你撒谎的理由啊。你欺骗父母就是错的——就这样！"

这种态度将撒谎置于道德的层面，从而为继续撒谎创造了条件。事实是，这些孩子没有试着去拯救自己。他们试着去保护他们的家庭，他们为之付出了孤独的代价。请相信他们——即使他们在说谎！

父母问贾斯伯

主题：用婴儿语言说出爱是否可以？还是应该像一个成年人一样和孩子相处？

父亲： 我们有一个 17 个月大的儿子，我总是陷入这样的婴儿谈话中，因为我非常爱这个孩子。我开着愚蠢的玩笑，可能表现得像一个白痴 ——我出于爱这样做。第一个问题是：这并没什么，还是错了？你怎么评价，人们可以这么做，还是完全是在胡闹？第二个问题是基于你经常带来的例子，我们在面对成年人的时候会有完全不同的反应。可以把这个作为参考吗，还是你觉得不可以？

贾斯伯： 爱与被爱着之间有很大的不同。如果我们被爱着——无论是对成年人还是婴儿——我们就会随心所欲地去表达。婴儿也需要这种闲聊，可能有点像跳迪斯科，随着感觉就蹦出来了。最大的误解是，在过去的 25 年里，我们开发了一种对儿童友好、几乎是教学语言的语言。也就是说，出于爱，我们常常会以一种特别的方式和孩子交谈，让他们听懂每个字。但这样并不好，因为如果我们不能使用我们自己的词语和语言去表达的话，很多信息就会被破坏掉。我们还是必须要使用成年人的语言、作为父母的语言，以使得正确的感受可以表达出来。然后信息也就不约而至了。当然，这种方法不适用于那些向儿童传授某种技能的教育情境。在这种情况下最好去限制你的词汇量并且尽可能地去用孩子听得懂的语言讲述。

我觉得这种闲聊或儿童的语言有点像赞美。今天很多父母都总是赞美他们的孩子——对一切都赞不绝口，连孩子撒个尿都会夸。这就意味着赞美在生命的第一年内会被贬值，它会变得一文不值。然而，这些事情并不是真正的赞美，这只是一堆上面写着"我爱你"的空话。这对孩子们来说是很难分辨的，因为正如我所说，孩子们很有潜力，但他们没有经验。随着时间的推移，他们认为赞美就是爱。然后他们在3岁时进入了广阔的世界，却没有他人给予的任何赞美。他们认为没有人爱他们，或者他们认为，"我父母不再爱我了，因为他们不再夸我，或者他们不再喋喋不休了。"

作为父母，你必须要问自己的是"你的感受是什么"。如果你觉得"现在已经够了"或"现在有点太多了"，那就试着停下来。你也可以询问你的伴侣，或者你可以——如果你真的有勇气的话——随身带上录音机把你的话录下来。但是通常人们听上

3 分钟就听不下去了。

我想我们必须要自我反思。很多时候并不总是可以说出什么是对的，什么是错的。我真正做的就是让一些家长对这些事情进行思考。然后也许他们会说："好吧，你说的有道理，但我还是会像以前那样。"或者"他到底懂什么啊？"或者会说些别的——但这些并不重要。没有什么真正的对错，有的只是不同的可能性。我们需要考虑到这一点。

第 **3** 章

领头狼和内在小孩

成为一个母亲或父亲，并与伴侣一起发挥领导作用，以培养健康、快乐和成功的孩子为目标，这本身就是一项巨大的日常挑战。这一挑战的一部分与管理有关，这个部分是有趣且具有挑战性的，但并不是本书的重点。决定选择哪种类型的管理方式在很大程度上取决于家庭成员的数量、父母的工作负担、孩子的年龄和流动性等。对于建立和发展有意义且成功的关系来说，领导力也是一个决定性因素。

　　引领给我们带来了一个截然不同、往往是更大的挑战。因为它会影响到每个人，它需要我们在更深的层次上发生变化。这指的不是生活方式、朋友圈类似的浅显变化，而是关乎到人类潜能以及我们是谁的问题。

我是谁

从单纯的法律角度来看，我们为人父母的时候都已经是成年人了。但是我们中的很多人，距离拥有成熟的人格还是路漫漫其修远兮——即使是对于那些三四十岁才初为人父人母的人来说也如此。但是为人父母对人类来说是成熟的标志，因为孩子的爱会让我们在某种程度上变得脆弱，这是任何其他关系都不会有的。因此问题不在于我们是否应该成为一个成熟的父母（为了孩子），问题在于，我们在多大程度上愿意让我们的孩子触及到我们的内在，以及去碰触到那些我们尽可能去压抑或者甚至连我们自己都不怎么了解的情感和过往。

拉尔斯有一个 4 岁的儿子保罗，但这段父子关系使得他感到羞愧和惊愕。他自己是一名心理学家，在医院的工作也很出色。我们谈了一些他的成长经历，并试图寻找可能带来的精神创伤。突然，他泪流满面地告诉我，他的父亲曾经猥亵过儿童，并很快就自杀了。这个男人所做的这种龌龊的事情让他的儿子和妻子无法以一种正常和健康的方式来对他的死亡进行哀悼。事实上，拉尔斯已将父亲的死亡和当时的情况抛在九霄云外，他已经"忘了"整件事情，甚至保罗的母亲是在结婚 10 年以后才知道的。

在他们生活的小镇上，拉尔斯只是简单地配合着母亲和社会舆论。他放弃了为父亲哭泣的权利。他儿子的哭声就成了一个触发器，让他蓄积了多年的、被压抑的悲伤流淌出来，在 30 年后帮助他进行心理疗愈。拉尔斯的行为有着一个非常戏剧化的背景，但许多故事并非如此。拉尔斯的反应对我们来说无论如何也是一个很好的例子，这个例子反映出我们和孩子的关系通常是怎样唤起我们自己内心的那个小孩的——这就像我们的职业中人们常说的"内在小孩"。几乎所有人都会将一个"内在小孩"带到我们的成年世界中。

原因很简单：我们中没有一个人会在完美社会中的完美家庭长大——也就是说，我们的行为必须要适应特定的环境。

我的母亲是一个非常温柔的女人，她有着一颗柔软的心，所以我学会了如何创造生活情趣，以及如何在和小朋友的相处中克制自己。

我的父亲几乎不说话，所以我从未学会如何像一个男人一样去表达。

我的大姐出生就是残疾人，所以我学会了将自己置身于幕后。

我的母亲和父亲经常打架，所以我学会了如何避免冲突。

我的父亲是一个喜欢酗酒、有暴力倾向的男人，所以我有些害怕自己的脾气，如果任其发展的话，不知道会产生什么后果。基本上，我并没有真正去生活——我总是在分析生活。

我的母亲和祖母对我非常宠溺，现在我的妻子对此非常生气，因为我现在都无法照顾自己。

我父亲从不和我们说话，也从不和我们一起玩耍——他所做的一切就是工作和睡觉。因此我现在都无法简单轻松地去和我女儿玩耍。

我的父母在婚姻中遇到很多问题，现在我只能接受一派和谐的状况。

我妈妈总是希望一切都很完美，所以我必须成为一个完美的孩子。我不知道我到底是谁——我只知道我从来都不够好。

我父亲一直想要一个儿子，所以我成了一个假小子。今天我都不能和我那个想成为小公主的女儿建立很好的关系。

所有的孩子都会配合并适应父母的个性和行为。为了更好地参与以及感受我们自己的价值，我们发展出一套绝妙的生存策略。当我们开始建立自己的家庭时，就会面临原来的生存策略在新的家庭中不再行之有效的情况。因此，我们面临的挑战是如何找到一个新的生存策略，从而使得我们能过上那想要的生活，并达到我们值得拥有的生活质量。所有这一切都是通过我们孩子的存在和行为来激活的。反过来，孩子其实也不知道自己按了什么按钮，也没有特意去那么做。他们只是试着让自己更好地适应以及变得有价值——如我们当年那样。

与其他挑战不同，对于这个挑战，我们可以自由地选择接受或是不接受。无论我们如何选择，我们都会为之付出代价，但是只有我们接受挑战，才能够有所回报。这是父母和子女之间的完美交易。我们赐予他们生命，作为回报，他们激励我们重新找回自己的生活。每当我们和孩子发生冲突的时候，或是你感到绝望和无助的时候，恰恰就是一个能为你自己的内在小孩去做些什么（那时父母没能做到）的机会。这一切都自然而然，几乎是充满诗意的！

当我们谈到做父母这件事的时候，有时候听起来就好像是做出什么成绩似的，其质量取决于你为孩子付出了多少。这是一种误解，做父母真正且至关重要的质量取决于你能够多大程度或是多想去接受孩子所带来的挑战，并在最大程度上将其转化为更好的生活。这同样适用于伴侣关系。如果你接受这两项挑战的话，你的孩子将拥有比大多数人更好的父母，他们在成长中自己也会觉得更加舒服。这是相互学习带来的巨大财富——也是如何建立自尊感的秘诀。

没人能够每天都做到这点，而且始终如一，不以自我为中心，也不待在自己的世界里，将家庭成员都排斥在外——当然你如果时不时地做到这一点，就已经很好了。

父母问贾斯伯

主题：对于离异家庭来说，50/50 规则①是否有意义？

母亲：在你的经验里，这个 50/50 规则是否有意义，或者对孩子来说是不是以一方家长为主，周末或者每两周去见一次另一方父母会更好一些？

贾斯伯：根据我的经验，这和引领没有什么关系。孩子们能够达到 2 倍或是 3 倍的社会化，他们可以轻而易举地生活在不同的规范、规则、价值观中——这都不是问题。但是我们非常清楚的一点是，如果父母无法友好地相处的话，离婚只会伤害到孩子——而且会带来持续的伤害。我想要在这里说得更清楚一些：我所说的伤害指的是孩子终生的生命力可能都会持续处于一种很低迷的状态。父母不一定非要做朋友，也没必要一定要在一起庆祝生日，诸如此类的。但是他们必须……一个男人曾经非常清楚地对他的妻子说："请把我当作一个陌生人来看待，请像对待一个陌生人那样来对待我。"

---

① 译注：50/50 规则指分居或离异夫妇的子女会分别与父亲待一个星期，与母亲待一个星期。

　　现在再回来说这个 50/50 规则，一个严肃认真的回答是：我们并不知道这到底有没有效果。这个 50/50 规则 30 年前在丹麦兴起，我们还需要再等上 10 年，那时我们就可以在 40~50 岁之间的人里面找一两千名当时的儿童来询问这个问题，然后我们就知道答案了。如果我们现在问他们，他们可能会"撒谎"，因为他们目前依旧还和父母生活在一起。只有当他们的父母撒手尘寰，或者当他们的儿女们不再和他们生活在一起的时候，他们才会说实话。

　　孩子们总是会说，"都可以，没问题。"然而，据我们今天所见，如果他们的父母坚持这种 50/50 的分配原则，12~15 岁的孩子会感到疲惫不堪。父母——母亲和父亲一方——想要在孩子与他们在一起的那一周，刻意地去和他们待在一起。这对孩子们来说太可怕了，这是一种巨大的责任。我收到很多电子邮件，主要是来自女孩，她们这样写道："你能不能写点与此相关的？你能不能给我的父亲打个电话？我实在是太累了！我必须每隔一周就去他那里住一次。他既不去电影院，也没有女朋友。通常我不在的时候他还和同事打打网球，但是我在的时候他就哪里都不去了。"当我和这么大的孩子还有他们父母聊天时，通常孩子会非常清楚，也非常有爱地说："去过你们的日子吧，我不想成为你们的负担，一切都过去了！"

　　还有些孩子不得不长途跋涉，到另一方父母家去……如果这些孩子不得不在幼年的时候就开始这样的生活——在 3~5 岁的话，就会出现一些问题。不知道为什么，他们在从一方父母家到另一方家里的旅途中都不太适应。可惜的是，大约 5~7 年之后才会出现症状，他们在学校里经常会出现注意力不集中或学习困难之类的情况。而那些可怜的孩子自己还搞不清楚发生了什么，因为连他们自己都没有意识到。他们每天都那么努力，他们忙着——今天做妈妈的儿子，明天做爸爸的儿子，他们从来都没有问过自己 "我到底是谁？"

现在挪威还有一种趋势：就是让孩子们留在家里，父母轮流过来照顾他们。"趋势"这个词用在这里可能有些过了——因为可能有近一半家庭是这个样子。这种办法会好一些吗？我不得而知，但我并不这么认为。

离婚和分居使我们处于一种失控的境地。我们不得不承认，这对我们来说可能是痛苦的——也或者可能是一种解脱，但对孩子们来说总是一件很糟糕的事情。那些总是为孩子考虑的父母试图去做些补偿。他们说："现在我做了一些伤害你的事情。那么在接下来的 18 年里，我会一直待在那里为你抚平伤口，因为我不允许这件事情伤到你。"

无论是 50/50 规则还是其他任何规则——每个父母的家里都要给痛苦留出空间！孩子必须要去承担他们的痛苦，并与它待在一起。我们一定要允许他此时此刻去感受悲伤，去拥有自己的渴望，等等。这对大多数父母来说是非常困难的，因为大多数分开的父母都在忙自己的事情。要么他们非常痛苦，或者他们在谈恋爱或是已经释怀，而我了解到的是很多父母已经生活在未来了，但是孩子们却做不到。"是的，现在情况很糟糕，我知道，我对此表示非常抱歉，过去的 3 年我和你爸爸……我非常非常抱歉，但是现在一切好起来了！"然后我们可怜的孩子眼巴巴地坐在那里手足无措。对一个孩子而言，可能需要 3~4 年的时间才能走出这种悲伤。为此成年人必须要为他们提供空间、位置、弹性以及开放性。

　　做父母真正且至关重要的质量取决于你能够多大程度
或是多想去接受孩子所带来的挑战，并在最大程度上将其
转化为更好的生活。

第 **4** 章
男性和女性引领

一个良好引领的前提和性别无关，当然，男性和女性之间有着各自不同的韵律和节奏。这种差异对孩子而言是一笔巨大的财富。一个古老的心理学传说曾经提到母亲在孩子生命的前3年是最重要的，但是，现在的研究以及新的家庭结构却证明这不尽然。如果爸爸妈妈一起来照顾宝宝的话，肯定更好。

就我的经验而言，重点在于孩子们可以体验和融合两种风格——尤其是在生命的前4年——父母和孩子之间开始建立重要的依恋时。然后，孩子会在和父母亲相处的距离变化中发掘自己的个性和天然的节奏。当然这个前提是父母都在场且都是心甘情愿的。

几十年的治疗经验表明，和父母双方都有互动的孩子能更好地适应周围的环境、更健康地发展。近些年来的一些研究也验证了这一点。那么这是否意味着所有的单亲父母或是同性恋父母就是坏父母呢？不，完全不是这样。他们和天下其他的父母一样都没有好坏之分。只是说，这些孩子在某些特殊或普通经验的积累上或者会稍微晚一些。最重要的是，孩子们拥有一对爱他们的父母，他们必须找到生存和生活的方式。

一对夫妇在整合原则、理论、价值观上用了多少精力并不重要——实践起来都是大相径庭的。顺便说一句，这种情况对孩子来说也是一个很大的优势——他们的社交技能会翻倍。父母共同行使引领职责的秘诀就在于会制造出一个空间，在这个空间里多样性可以大放异彩。

回顾

50 年前，只有在父母有足够的时间和精力，或是当存在利益冲突的时候才能谈到教育。通常情况下，爸爸要么是缺席要么是心不在焉，或者两者兼而有之；而母亲除了工作还要照顾家，要洗衣做饭，和孩子们在一起直接接触的时间也是少之又少。孩子通常在附近自顾自地玩，发生什么事情的时候母亲会马上赶来。

后来，世界发生了翻天覆地的变化，育儿几乎发展成一场争夺年度最佳父母的竞争。还好，在这种毫无意义、追逐声名的做法中，孩子渔翁得利。最近的一项研究显示，父母双方平均花在孩子身上的时间比以往任何时候都要多——那还是在 2015 年双职工家庭与日俱增的德国。这恰好阴差阳错地匹配了一个问题的答案：儿童和青少年最想从父母那里得到什么？时间，更多时间。

然而缺点在于，这种竞争和父母对孩子利益的考量是彼此割裂的，这一点令人非常遗憾。儿童的幸福、他们的发展以及生活质量取决于整个家庭情况和所有家庭成员的情况——无论个体还是整体。在追逐名声的过程中，孩子就变成了一项任务、一项义务，甚至是"投资"。因此，他们再次沦为客体——这时新的发展心理学又提出一个双方都被视为独立人格的"主体——主体关系"，他们认为这对所有参与者都更有利。

当你们在一起的时候，让孩子看到你眼中流淌的快乐。这就是你能为子女所做的最好的事情。反之，如果孩子在你的眼中只看到疲惫不堪以及不确定或是内疚感的话，那你们就要做好迎接苦日子的准备了。

最近，某个年轻家庭咨询师的话经常被引用："小孩子破坏了父母的爱情生活。"这种说法既没有上下文，又缺乏整体思维性，纯属无稽之谈。拥有一个孩子，意味着他将会在不同层面、以各种不同的方式来影响你的生活，但这不是孩子的错，这是你决定为人父母之后再正常不过的一个结果了。孩子小的时候会影响你的性生活及其频率——这就好比一段20多年的婚姻、工作、吸烟、喝酒等许多其他的事情一样会影响我们的生活方式一样，这仅仅和我们的决定有关。当然，许多城里的年轻人会有这样的错觉，他们觉得有小孩根本不会影响他们的生活方式，但首先这是他们的幻想。

和许多其他的思维方式一样，它们主要是通过以下两个因素发展而来的。一种就好像是忽然间面对一笔难以置信的财富时的不知所措（我们通常会不知道该如何处置它们），另一种就是，西方文化中的大部分女性，在何时要孩子以及如何要孩子的问题上，无论有没有男性积极参与，她们都可以自行做出决定。生儿育女成为一个经过深思熟虑后的决定（排除"意外"）。

我并不怀旧，我也永远不会去批评我们的父母，所有这些都是时代的产物。但是这种发展会存在一些陷阱。在那些最新的、接踵而至的潮流趋势去影响你的引领之前，也许应该慎重思考一下。换句话说，我建议你去关注球赛而不是看球的人。接下来的章节我会提到在家庭共同生活中具体的男性和女性视角。

父母问贾斯伯

主题：我想要在晚上有自己的时间，或是可以有时间和伴侣待在一起，但是我的女儿就是不睡觉。

妈妈：我有一个问题。我有一个 3 岁的女儿就是不想上床、不想睡觉，这已经司空见惯了。她不想八九点就上床，就是不想睡。对我来说是这样的：我工作半天，整个下午陪她，晚上 9 点的时候我想留些时间给自己或是我的伴侣，就我们两个人待在一起。我很清楚我自己的忍耐程度，我真的很想安静一下。然而我的女儿丝毫都没有表现出睡意，而且她也不是安静地待在她的房间里，而是跑过来。接着她开始说："我不困，我不想睡觉。"她也不会乖乖地待在自己的房间里玩累了然后睡觉，而是和我们说："陪我玩吧，陪我。"我们该怎么办呢？

贾斯伯：首先这是你决定的。这个决定我其实也不完全清楚。你决定要给自己留出成年人的时间了吗？或者你只是觉得如果可能的话，哪个是你想要的？

妈妈：目前，如果可能的话吧。

贾斯伯：好的。 这是不可能的……或者你能想象一下你只是在可能的情况下想要，而不是每天都想要？

妈妈：我不知道该怎样。她来了……我根本没法和她商量，我说："你可以醒着，你可以在楼上你的房间里玩，然后你想睡的时候自己睡。"她根本不听的。

贾斯伯：不，就像我们所看到的——她想要的不仅仅是醒着，而是和父母在一起。我试着长话短说。所有人都说："孩子需要许多的关注。"这是对的。值得庆幸的是，他们需要的并不像他们要求的那么多。这意味着作为父母我们必须要去说不，但是要充满善意。我写过一本书，书的原名是《充满善意的说不的艺术》。说"不"是什么意思呢？ 没有什么是父母一定要说不的，但是人们必须要说"不"——例如对一个孩子——如果这对你、对你的需要、你的渴望来说非常重要的话。这就意味着，在一个3岁的小女孩晚上9点15分从自己房间跑来的时候，你必须要学会告诉她："回到床上去。"然后她可能会说："但是我想在这里待着！"然后家长必须要明确地说："但是我不想啊。"我们不能用生气的语调，而是要用一种友好，但不腻歪的声音和她说："我不想，我不想和你玩，我不想和你一起读书。我想要自己安静一会儿，我想要和你爸爸待一会儿。请回你的房间。"每当我这么说的时候，家长们总是会问："那我可怜的孩子不是就会觉得被拒绝了吗？"答案是："是啊，就是这样的。"

有人可能会说这是由基因决定的，女性通常都很难对别人说"不"、对自己说"是"。基于这个原因，我有时候也会谈论女性的"不"和男性的"不"。男性更善于说不，同时转过身或是离开。而母亲更容易继续待在那里。她想要孩子同意——事实上她想要这个 3 岁的小女孩说："好的，妈妈，我看见了，这很合理，我现在回房间。"

我想要在这里说两件重要的事情，如果你按我所说的这么做，不会发生任何不好的情况！作为父母，我们必须要经常问自己："我的孩子永远爱我对我有那么重要吗？"这也是一种倾向。如果这很重要的话，那么你就无需抗争了。反正也不会发生什么，因为那种没有被说出来的动机会被感受到并促使其做出反应。第二，也是在我看来最重要的一点，就是母亲和女儿之间的事情。我想你一定会希望你 10~12 岁的女儿可以问心无愧地说不——即使有人站在那里这样说："你要这样我就不让你做我女朋友了。"或是"我爱你，所以你必须同意。"

学会说"不"，对女孩的自尊和自信是非常重要的。

现在想象一下，你有的不是女儿，而是一个儿子。对你的儿子而言，学会和女性一样去说"不"，以及去尊重女生的拒绝是同等重要的。可悲的是现在的年轻母亲培养出的儿子，都是打死都不想让他们做自己女婿的那种，都是"巨婴"。

"我总是随叫随到——我不是一个人，而是一家从早到晚 24 小时营业的超市。当然，我永远为你而存在。" 这种诸如此类的废话，我们不可能永远为了彼此而存在！如果我们真的就是为了彼此而存在的话，那最终会导致自我毁灭。等到忽然哪天女儿犯了错，你自己也难辞其咎。所以这不仅仅是教育和睡觉的问

题。在这中间，双方都可以学到很多有意义的东西。这样一来，
睡觉的问题就没有那么重要了。

第 **5** 章
作为妻子和母亲

女性领头狼——现今的女性仍然在职业和私人生活中挣扎着找平衡。是的，德国是有一位女总理，但是在所有的领导人中，女性也只是凤毛麟角。人们经常会认为女性在职业和社会领导方面经验不够，现在这一点似乎也在悄然发生着变化。这一方面我们值得从狼群中借鉴一下，因为研究人员越来越清楚的一点是：在狼的家族中，公狼和母狼一样都有话语权；视情况和脾性，同心协力，各司其职。例如在危险的情况下，公狼会群起而战并去协调它们的合作，据观察，这时候母狼通常是它们的力量所在。

简单追溯一下历史：在过去的几个世纪中，女性的经济和政治地位都是不及男性的，这也被详细分析和描述过。20 世纪 60 年代，西方女性在社会各个阶层以及家庭中发起男女平等的政治斗争，这对今天的状况起到重要的影响。而这场斗争仍然还在继续。

无论是温和的妇女权力运动，还是较为激进的女权主义运动，都没有太去关注这些运动对个人层面的影响，但这些却被许多作家在小说、诗歌、纪录片、电影等中表达出来。

作为一名培训师和心理治疗师，我经常会遇到许多年轻女性的问题在于方式方法，即应该如何做自己以及如何对待周围及最爱的人——孩子、伴侣和父母。毋庸置疑的是，她们的行为处于政治、社会、宗教的压力之下，但这也不能笼统地一概而论。正如我之前所提到的，当我读到或看到报纸和一些严肃媒体对女性的描述时经常会很生气。她们总是被描述为孤立的个体，她们的行为以及一些不妥的部分都被认为是人格特征，而不是被看作是一种和社会相关的系统式反应。

这可能源于西格蒙德·弗洛伊德的学说，他提出了母亲和儿子之间不健康的情感依赖，即儿子对母亲性欲化的情感"俄狄浦斯情结"。我们每一个人都需要注意的是，弗洛伊德的观点和分析在某种程度上受到了那个时期的文化以及家庭模式的影响，也就是说，他所洞察到的，无论在那个时代有多么受推崇，在当今社会都不一定是真理，因为我们现在对家庭心理学和系统式理论有了更多的了解。

今天我们可以基本确定，"俄狄浦斯情结"也是父亲缺位、男性在伴侣关系中身体和情感上缺位的一个结果。这也就是说，这种不健康的亲密以及母子关系纠缠的情况只有在夫妻关系有问题的情况下才会出现，是因为男性没有尽到职责。

因此，如果你遇到在孩子身上寻求情感满足而被指责的母亲时，你需要去鼓励她认真对待自己作为女性的需求，并想办法挽回她们的男性伴侣。这就到应验一句俗语的时候了——"没有人是一座孤岛"，这在女性身上同样适用。

从这种系统的角度去看女性和母亲的话，难免会让人觉得有些心灰意冷，这也促使越来越多的女性放弃了家庭。这种看似简单的反应让人觉得很遗憾，因为对于绝大多数人来说，和孩子以及另一个成人建立亲密关系是更容易的。改变社会是一项巨大的思想和政治性的挑战，而改变自己的行为却是一项重大的情感挑战。在关系中，和信任的人相处会更容易。

　　基于我在家庭治疗、团体治疗以及伴侣治疗方面的经验，我会选择将女性的行为放在她们成长、生活的情境下去看。文化和个体间的互动过程是以一种双向的，有时甚至是出人意料的方式发生的。当我去观察现实时，那种单纯从个体角度看问题的视角对我来说是毫无意义的。

克服对自我中心的恐惧

自我开始做心理治疗师以来，不论是哪类的社会团体都会带给我类似的体验：当一个总是很丧、郁郁寡欢且满腹牢骚的女人开始发现真实自我的时候，她总是会被那种"以自我为中心"或是被冠以"以自我为中心"的焦虑所压垮，这会持续很久的时间。在此期间，这种恐惧要远甚于那种想要变得更好的愿望。这并不足以为奇，因为对女性来说，爱和正确的社会行为一向是以所谓的"全然的自我牺牲艺术"来定义的。毫无疑问，这个定义不是来自男性，而是源于早期人类约定俗成的概念和以生存为基础的女性的角色。但事实上，女性们早在100多年前就开始了对这种模式的反抗。

如上所述，女性常常在政治和经济领域被排斥在外，这很大程度上和缺乏经验有关。在以男性主导的权力结构中，女性不能说不，不能表达个人需求、价值观以及边界，也就是说，她们无法清晰或骄傲地去定义她们人格特质的部分。出于社会经济原因，她们不得不去承受孤独以及"低人一等"的感觉，此外，她们还要去担心被边缘化或是被抛弃。"一个不听话的女人既不会是一个好伴侣，也不是一个好母亲！"同时，"任何一个真正的领导都不会言听计从，而一个总是听话的女性是不能做领导的。"

这不足为奇，过去不可能被轻而易举抹掉，就好像上周染过的头发不会被那么容易洗掉一样。

这就是为什么当谈及母亲身份的时候，总会说到自我牺牲上。母亲的自我牺牲是一个孩子得以生存的先决条件，但只有前18个月！然后母亲就需要适时去收回自己的边界和需要——更重要的是——还要在和孩子的关系发展中更好地去理解这点。在恋爱关系中也是异曲同工的。你年轻气盛，正为爱神魂颠倒的时候，会为了"我们"的错觉、为了那种共生和融合的极致以及快乐的体验去牺牲掉你自己的某部分。而当荷尔蒙慢慢降下来、激情渐渐褪去的时候，女性就会面临一个很大的问题：我能不能在爱这个男人的同时发展出一种共处的方式，在这种方式之下不仅彼此都有足够的空间，而且还有一个让自己个体化的部分成长且继续发展的空间？如何在家庭里一起做领头狼，这是婚姻关系中的新模式，况且这是否会影响到孩子们的幸福。孩子们需要这样的生活环境，他们需要这样的榜样去学习如何以一种不伤害自己的方式去爱一个人。

在我们周围也确实有不乏以自我为中心的人，但他们几乎全是被忽视且不幸福的，他们自认为对社会没有威胁。这是一群没有同理心且孤独的群体，他们只知道怎样去折磨（虐待）他人。我相信，90%的年轻女性在镜子中看到自己的时候，都会确信自己不是以自我为中心的。（据统计，大约10%的儿童都被严重忽视或虐待，许多人丧失了共情的能力）曾经有段时间，很多母亲很自恋，或者确切地说，是从伴侣关系中孤独的状态发展出来的自恋行为。随着女性越来越有力量，在社会中的机会也与日俱增，这种状况也在减少，现在这种情况估计也只能在 60~70 岁的女性身上看到。

对健康的个体化和以"自我中心"来定义的力量的恐惧，是所有独裁政权的标志。它既不以心理学洞察为基础，也没有基于人类生活的存在视角，更不基于对真正造福人类的理解，而仅仅只是一种占有欲和绝对权威——这不仅仅是对小孩，对成年人也是如此。在顺从和适应之外也会产生内疚和羞耻感——这两种在临床心理学上被认为是自我毁灭性最强的感受。这一事实也意味着，你不可能去期待生命中的某个权威将你从内疚中解救出来，除非你蔑视这一系列指令或是直接和上帝沟通。即使冒着可能被指责的风险，你也必须要自己去做些什么——特别是对于那些贪恋于臣服于人的安全感的女性而言。

爱——无需自我毁灭

许多女性活在一种伴有自我毁灭的爱里，这往往代价不菲。重要且关键的是对于女性自己而言，这不仅会搭上自己的身心健康，还会换来一段失调的关系和无尽的孤独感。自我牺牲的回报只存在于她们的想象之中，她们不仅要去负担这种失望，最后还要为她们自己的"牺牲品"负责。"牺牲品"既不能达到她们的高标准，也无法摆脱内疚感，这也会延续到下一代身上。她们的孩子只有在足够勇敢以及人格完整的情况下才能去阻断这种恶性循环。否则，就只会带来人格完整感碎裂和健康关系的破坏。

当女性们和朋友们在一起时，当她们在工作时、在合唱队唱歌时、在购物时，我在这些情形下观察到的女性就好像是一群强大、美丽、有自我意识（自信）的人。但是一旦她们和伴侣、男友或是孩子走进房间时，许多人就开始表现得不一样了。她们要么变成受害者，要么成为让别人沦为受害者的讨厌的控制狂。

我想知道为什么这种情况会一再发生。许多女性都想要试图解开这个谜团。我不知道是因为我太愚蠢，还是因为别的原因。不论怎样，当我去触及这个谜团的时候，总是一片混沌。我能想到的唯一的解释是，她们的男性伴侣不知道，也没兴趣知道（或两者兼有），或者他们害怕伴侣会展现出那种绝妙力量，因此他们不会欢迎和鼓励女性去进入这样的一种伴侣关系中。正如俗话所说的"一个巴掌拍不响"。

很多母亲的生活完全被孩子占据。究其原因，要么是她们无法正视自己的存在，要么是由于无能而成为受害者，只得选择成为一个对孩子过度保护、无微不至照顾和控制的母亲，并坚信这正是她们孩子所需要的。这充其量只能算是一种自我毁灭性的投射，而最坏的可能是她们将这种无能感传递给孩子，使孩子们别无选择，只能相信母亲的行为是真爱。这些孩子中有很大一部分患上了所谓的"习得性无助"，还有一大部分在冒着药物和治疗的风险与之对抗。

在这一点上，男性也难辞其咎。因为所有这些情况一般不会发生在男性能以伴侣和父亲的身份积极参与家庭事务，同时还能和孩子建立良好关系的家庭里。若非如此，女性只能渐渐去疏远那个给她们带来无尽孤独感的男人，因为他们不仅不作为，而且还摧毁了她们对伴侣的幻觉。

但需要强调的是：我们没有理由去责怪这些母亲，只是有必要去指出——在孤军奋战的时候，她们的智慧和能力是有限的。这些女性，一如单身母亲如果能够更好地去了解自己、尽可能地去明确自己的个人界限和需求，他们将会受益匪浅。也只有在这种情况下，她们才能和孩子建立健康的关系，反过来说，孩子（男孩）能够受益于母亲这种特有的独立，而孩子（女孩）可以在一个好的、值得信赖的榜样下茁壮成长。

男孩们将学会如何尊重女孩和女性，女孩们会认识到"说不"的重要性，从而去了解什么是真正的爱的方式，去学会更好地"说不"，这对于人格的完整来说是很重要的。

但是在当今的社会中，要找到这种平衡并不容易。就比如作为女性的你需要或者想要去工作，同时你又会受到媒体诸如母亲应该多些时间陪孩子之类的舆论轰炸。或者你和你的爱人选择了一种男主外女主内的生活方式，然后你可以待在家里陪孩子，但是他却因此需要在外工作更久的时间。无论哪种情况，你最终都无法逃脱那种单亲妈妈的感觉，因为对孩子的所有责任都被放在了你肩上。当然，在这种情况下，有些人会做得得心应手，还有一些女性却是疲于应付。对大多数人来说，这都好像是在制造一个沮丧和孤独的定时炸弹，最终的结果是情感上的干涸，严重的会导致夫妻分离。在这些后果发生之前，请切记，我们能给予孩子最有价值的礼物是好好照顾自己及伴侣关系。牺牲自我不是真正的爱。那只是一种自我牺牲，最终会以一种消极的方式影响到每一个家庭成员，即使你的初衷是爱。

对我们来说，无论是成年人还是孩子，都应该能够基于"我们是谁"来做出个人决定（尽管我们受到的有些教育与之相悖）。这绝非偶然，它关乎自尊的发展、稳定的心理健康以及基于爱和尊重的高质量的关系。在短短的几十年中，女性的个性发展已经走过了一段漫长的路途，但作为母亲和伴侣，传统的爱与照顾家庭的观念似乎拖慢了她们的脚步。因此，女性对于人格整合、内疚和牺牲之类的想法、体验和感受的交流探讨，会使伴侣和孩子都受益匪浅。一段成功的伴侣和亲子关系的秘诀不在于我们怎么做，而在于为什么要这么做。在原生家庭中，我们学会了一种爱的版本，而第二种，甚至第三种爱则被埋藏在我们自己组建的家庭中，等待着我们去开发。

从人格的完整到"说不"的权利

在描述完对女性自我意象中两个最具自我毁灭性因素之后，谈到她们作为母亲和伴侣生存的尝试时，我想介绍一下我对人格完整的看法。在两次世界大战之后，我们的国家对人民的民族、宗教和政治的完整性有了一个良好的尊重。这将取代权力至上成为一种主流模式。但是，我们对每个个体的人格完整性的理解和尊重却依然进展缓慢，尽管联合国人权委员会和《儿童权利公约》都明确提到了这个问题，这两者都在逐渐被大多数国家所接受。

女性运动早期的标志是"说不"的权利，这基本上可以被理解为打破角色期待、对性和性虐待"说不"的权利。在另一个术语中，它意味着被视为"主体"的权利，而不是被当作一个客体来对待、被男人操纵、用来抚养孩子以及随意被虐待。这个原则也可以用在成人和儿童之间的关系上：主体—主体的关系，双方是平等的。

在许多国家和文化中，将妇女视为客体的观念依然根深蒂固。如果你不相信的话，可以去查看那令人咋舌的性胁迫和强奸的数据，许多国家受虐的、被贩卖的女性数量持续不减。这种情况之所以存在，是因为有需求。但是，有意思且矛盾的是，有些女性恰恰是这些暴力行为的始作俑者或者帮凶。

尽管如此，事情似乎正朝着积极的方向发展，即尊重女性的人格完整性。

人格的完整性包括每一个人作为个体的边界、价值观和感受，以及当我们筋疲力尽时想要休息的权利；我们想要被爱和被关注的权利、说"不"的权利；站起来为我们的价值观而战的权利；悲伤时哭的权利；愤怒的时候喊叫的权利；梦想和渴望被满足的权利。这些当然是所有人类的权利。

对于女性和母亲而言，我认为关键词是个人边界。至少这是我自己的感受，这是基于我看到母亲和孩子在一起时，以及听到女性谈论她们作为母亲的角色时所体验到的。我看到，那些母亲无法去界定和表达自己的个人边界，同时又会感到很郁闷，因为她们想知道该如何去给孩子设定边界——就好像给孩子设定规则就可以取代自己的个人边界似的。这种思维背后的逻辑似乎有两个原因：一个是儿童需要边界（以坚定和一致的规则形式）的旧观念；另一个是，对这些女性来说，去要求大家认真对待规则比要求他人认真对待自己要容易得多。

在一个乖乖女身上究竟发生了什么

很多时候，女性并未被允许真实、真诚地表达自己，她们被迫扮演着一个乖乖女的角色。她们被教导应该懂礼貌、安静、听话、顺从、可爱、甜美、温柔、体面地性感和彬彬有礼。即使在今天，很多女孩和成年女性都依然遵从这种观念。她们在婚姻市场上备受青睐。从事秘书、护士、教师、店员、女服务员和电视节目主持人这些职业的女孩也备受欢迎，因为她们如此"不复杂"——总是渴望取悦每一个人。

所有这些人格特质在原则上是没有问题的，既不会破坏自己的生活质量也不会破坏亲密关系，小心使用的话甚至会更好地帮我们处理和周围人的关系，并在工作中获得关注。当我们无法选择的时候才会产生负面的后果。如果我们不能选择要在什么时候善良、礼貌和社会化，或是什么时候做自己，才会出问题——这三种品质构成了亲密的、基于爱的关系的重要因素，这是个体情感和心理健康的重要条件。从这些品质中我们发展出复原力、精神稳定性以及内在的力量——这也是领导能力不可或缺的基础。

世界瞬息万变，我们的价值观也在不断发生着变化，而世界似乎正在面临新的灾难，因此发展出与新的模式相匹配的价值观有助于建立更好、更健康的关系。那些价值观曾一度隐匿在我们所继承的智慧中，而心理治疗、家庭治疗和精神病学等学科最终证实了这种联系。现在是女性接受这种价值观，发展和发挥她们潜力的时候了，这也关系到她们如何在家庭中成为领头狼。

过去所谓的乖乖女到现在也 40 岁了，这时，乖乖女的角色影响就开始表现出来了。如今，我们经常在青年精神病中心、学校心理中心和家庭医生的咨询中心遇到这些曾经的"乖乖女"。她们感到迷茫、力不从心，觉得无法满足家庭和社会的期望，而且有的女性生活技能也有限，这使她们感到悲伤和不幸福。悲哀的是，人们经常会将她们的情况与临床抑郁症相混淆，并让她们吃药，那些药和她们母亲以前用的几乎一样。如果 3~5 周还没有达到预期的积极疗效的话，她们就会觉得更糟糕，并开始选择自我伤害的方式。事实是，大多数女性都是因为局限且不健康的角色限定而陷入到存在危机之中的，因此我们应该鼓励她们去摆脱这种模式，而不是一再地尝试去适应。她们认真负责，试图承担起巨大的责任，而不是一味地遵从着家长和老师为她们所写的脚本去生活。现在她们试着去写自己的脚本，这应该得到我们的支持。

"什么才是我真正想要的"，这是一个最有用的问题。就是为了让母亲们有一个更好、更充实的生活。这些问题既不会导致反社会的个人主义，也不会致使自我中心主义，但有可能会引发和之前喜欢她的权威人士之间的冲突，那些权威人士所满意的是她们先前的样子，因此当她们偏离的时候，他们更喜欢去诊断她们，而不会为了她们最深的渴望在自己的土地上开花结果而欢欣鼓舞。

母亲和女儿

女性对女性也并不总是很友好，我们看到许多很强势的母亲，恨不得将女儿拴在自己的裤腰带上，并去干涉甚至决定女儿的生活。这种行为不应与引领混淆。去确定个人（人格）边界，并坚持去遵守这些边界——对于母亲也应如此——这是迈向更好生活的第一步。通常，这些女人和别人相处时要么很善良、要么很刻薄、要么就表现得很可怜。和女儿的关系危机也许恰恰是她们深入挖掘生活并获得幸福的契机。作为女儿，你不必停止对母亲的爱，但不要让她的爱阻止你去改善自己的生活。没有人会因为你放弃了自己的生活而感激你，而且这最终会扼杀掉你曾经从母亲那里感受到的爱，我见过很多我所描述的这类女儿，所以我很清楚，这是一个艰难的决定，但是幸运的是，这是你自己的决定。

好女孩往往会很有自信，因为她们得到了许多积极的反馈。比如，优异的成绩、表扬和鼓励。然而，一些好女孩的自尊感却很低，因为从来没有人对她们到底是谁感兴趣。作为母亲，你可以在很多方面帮到女儿，以防止"好女孩综合征"影响她们的生活。不要试图按照你期望中的形象去塑造她们，要去倾听她们的声音，真正地去了解、去爱那个真实的她。告诉她们，没有人有权利去定义她们，只有她自己才有这个权利。你可以试着去支持她在自我与社会认同之间找到一种建设性的平衡。适应的能力对我们所有人的生活而言都是非常重要的。无论处于哪个年龄段，当你意识到没有自我的时候都会感到痛苦和遗憾。

当然，关键的问题是，有没有可能在被他人喜欢的同时保持对自己的忠诚。根据我们的经验，答案是肯定的！5岁、7岁，14岁的孩子就已经有了令人欣赏的这种协调能力。受欢迎和被喜欢其实很容易，而对自己满意并喜欢自己却要难得多。你的伴侣也可能会发现，和你相处比刚认识时要困难和充满挑战——但这恰恰是你们成长和改善彼此关系的机会。你们的孩子可能也会感觉到妈妈的变化，但是很快他们就会对你产生敬意并向你寻求建议了。

为了避免和周围的人产生太多具有破坏性以及耗费精力的争吵，请记住，没有人会为你的境遇负责。其他人和你一样，并

不比你知道得多多少。你第一次看到那个能改善你生活质量以及
健康的可能性的时候，就是你开始为自己承担责任的时候。这可
能是一个孤独的决定，权衡利弊是你的特权，也是在家庭中迈向
成功引领的第一步。

第 **6** 章

男性和父亲在哪里

在现今的家庭中，母亲的孤独感也是有目共睹的，因此，儿童不是被过度保护，就是被宠溺；不是被忽视，就是被过度苛求。这不仅会使女孩重蹈母亲的覆辙，还会让男孩们生活在一个由女性主导的文化中，由于没有男性榜样而感到迷茫且孤独，反过来这又会使得他们难以成长和成熟，宿命般地去重复父亲的错误。

而好的一面是——从女性的视角来看——母亲往往在孩子身上花了更多时间，因此也获得了更多的生活智慧。不幸的是，对双方而言，由于一些女性在沟通方面的一些问题，会使得她们很难以一种自然且灵动的方式去展现她们的智慧。取而代之的是，当伴侣没有及时完成她们不打算去处理的事情时，她们会用一种批评指责的方式去批评他们。当我们把男性和女性之间的平衡比作跷跷板的话，在金钱和权力方面男性可能会占上风，但是在智慧和生活技能方面却一般是略低于女性的。目前，第一个差别在慢慢趋于平衡，第二个失衡的部分也在渐渐地发生变化，因为现在越来越多的男性下决心要做一个有责任心、有参与感的父亲，这不仅仅是为了取悦他们的妻子，更重要的是他们自己也有这样的意愿。

强强联合

　　和你的伴侣一起成为家中的领头狼，这样你就不会是一个人在战斗了。这在今天意味着什么呢？前面章节中提到女性的变化也会自发地引起男性的变化——男性想要改变角色的愿望——我很想谈一下此处的驱动力——我知道许多丈夫和父亲都会有这样的愿望。在这点上，我希望能够去澄清一些长久以来的误解，并为在家庭中重新定义领导角色而奉献微薄之力。

　　就如我在本书中所说的那样，如果人们非要将男性和女性分得那么清楚的话，就必然会遗漏掉一些细微的差别和复杂性。在此必须要提及的是，作为人类，我们有着许多人类共同的属性。

　　纵观我们的历史，男人要么作为照顾者去照顾他们的妻儿，要么就是在父母不能自理的时候去承担照顾父母的责任——他们时刻准备着，他们的父辈也都是这么过来的。对女性来说也亦如此。一直以来，男性都在努力去追逐并去维持自己在经济及社会力量上的主导地位，这是不言而喻的。

　　在一些地方，我们这一代人里有一个疯狂的想法，即完全将父亲融入家庭中，促使他们去承担随之而来的责任和义务，保证与母亲一起照顾孩子。从那时起，家庭的概念以及"家庭应该是什么"从根本上发生了变化。我之所以称为"疯狂",是因为在此之前父亲们从未真正融入他们的家庭。虽然他们作为"一家之主",但是他们一直游离在家庭之外,以养家糊口者的身份参与着家庭生活,这意味着孩子清醒时间的 90% 他们都不在家,然后他们一回到家就会和妻子一起责备孩子,幸运的话——可以扮演一下小孩子的玩伴和年长一点孩子的老师。他们唯一且微乎其微的回报就是拥有一个感恩且顺从的妻子和一个听话的孩子。与此同时,就势必会导致妻子在夫妻感情中的孤独和隔离,这对女性来说是难以想象的。

在个体的尊严被无视的时代,大部分男人都无法逃脱这样的命运,没有人会去在乎他们情绪和身体上的感受。他们为了养家糊口,不得不忍受被工作剥削、被羞辱的命运。长此以往,很多人开始酗酒、实施家庭暴力,还有很多人英年早逝。工会的存在和身上穿着的制服也仅仅能给他们带来一丝自豪感和价值感而已。

尽管女性的历史在很多方面都和男性极为相似,但同时又是大相径庭的。女性和孩子们可以逃到庇护所,这使得她们中的很多人即使在工作与带孩子的重压之下还依然可以保持情感的活力、敏锐的感知力和同理心。尽管男性们也会有一些相应的聚会,但这都不是可以推心置腹聊天的场所,许多男性就变得对感受麻木不仁且毫无反应。为了作为雇员和工人生存下去,他们不得不在漫长的时空里斩断他们的情绪,使麻木成自然。尽管如此,还是有一些依然保有活力的人,但他们大多是独立的工匠、艺术家或是农民。

现如今，受过良好教育的强大的女性们已经不再满足于伴侣奋战在养家的一线，她们甚至可以接受在没有男人的情况下独自抚养孩子。她们决定要建立一个传统的核心家庭，或是开始一段伴侣关系的前提是她们渴望亲密、共情、激情以及情感交流。即使一开始她们对这些没有特别的要求，那么在几年以后，她们也会饱受这些情感匮乏的困扰。

这就会引发一个有趣且令人痛苦的矛盾。如今的女性拥有着前所未有的权利，这些权利使她能够为自己的伴侣提供善解人意的引领。但更多的女性总是抱怨，就好像她们是一个个手无缚鸡之力的受害者，她们放弃了在家庭中的领导地位，尽管很多时候她们更清楚怎么做才会对家庭中每个成员更有益。

年轻的父亲近几十年才开始重建他们作为伙伴和父亲在家中的角色。他们充分意识到他们可以从女性身上学到很多东西，但同时也认识到他们不能向母亲学习如何成为更好的父亲以及如何在家庭中扮演一个有价值的、称职的父性领导角色。他们必须要互相学习，也要向孩子们学习。每个国家的情况各不相同，但总的来说，大多数男性仍然主要扮演着养家者的角色。

另一个有趣的矛盾是，现在有部分母亲养育儿子的方式经常会妨碍他们作为男孩成长并逐渐成熟。事实上，她们将儿子们养育成连自己的女儿都会敬而远之的那种丈夫，她们以一种骄纵、保护、照顾和欣赏的方式去对待自己的儿子，使他们在很长的时间里都表现得不负责任和幼稚。她们别无选择，因为她们的丈夫全方位缺席。

女性花了大约半个世纪的时间来重塑自己在家庭和男性心目中的角色（而且现在还在进行中）。男性却没有这样的情况，虽然他们的解放也不可避免地滞后着。两性的成熟伴侣关系、家庭的引领者以及母亲和父亲身份的重新设定都还远未完成，但今天的问题是成为一名父亲意味着什么，而不仅仅是填补养家糊口者的角色。父亲的分量在与日俱增。

例如，在我的讲座中，父亲的角色被拿来探讨。大约15年前，我就从许多女性那里听到："我们每天在家庭中工作。"一年以后，我发现事实并非如此。这种态度背后隐藏着一种和我截然不同的家庭观。许多欧洲国家的女性就是如此带着孩子生活，她们对这个相关的、严肃的问题的回答是："是的，我觉得自己真的好像一个单身母亲。我的老公也已经帮了一些忙"或者是"我老公帮了很多忙，但是事实上我还是在独自承担责任"。男人在理解差异性上出了问题。他们会说"我做了你让我做的事情，难道这还不够吗？什么是责任，究竟怎么来分担责任？一半一半吗？""不，那是不可能的，我们有着从优秀的祖辈那传下来的悠久传统，他们彼此有着明确的分工。父亲负责动物的饲养和农耕，母亲负责照顾孩子、做家务和打理花园，这种合作一直都很愉快。当然，当人们真的要一起去承担养育孩子的责任的话，就意味着每个家长都要百分之百地去负责了。父母谁来引领的问题就需要重新谈判了。这是一个很有趣且非常有价值的话题，但是我想说的是，这确实很难。

我们今天谈了很多关于依恋的事情。但我在这里还要一再重申，因为这个话题我们已经提了 50 年。到今天为止，父母和孩子之间的依恋也依然是一个重要的议题。当我还是孩子的时候，可能只有 1% 或 2% 的父亲在孩子出生后的头几年内和孩子建立了依恋情感。在我这一代，估计是 20%，而今天则是 30%~35%。也就是说，大多数父亲仍然没有去实现和体验这种依恋。

关于应该如何在关系中相处，我无法给女性朋友提供什么建议。但是为了所有男性的幸福，如果你们愿意继续就我的想法进行一些反思和思考的话，我会非常高兴，或者你也可以去看一下我的书《成为男人和父亲》，书中对父亲如何承担起养育孩子责任、在家庭中贡献一己之力进行了描述，同时也提到了现代父亲面临的困难和解决方案。

父母问贾斯伯

主题：一个 12 岁的女儿在父母分开之后不想去她父亲那里，而且父亲也不知道该如何对她。

父亲：我有一个 12 岁的女儿，我和她母亲分开有一年了，我女儿最近不再来我这里。我可能对她不太好，或者也仅有几次。好吧，不管怎样我都无法从她那里得到我想要的爱。现在我确实也存在一些问题，因为我被她伤了，我也生气了，我不知道应该怎么对她。

贾斯伯：根据您的想法或经验，12 岁的女儿真的不想去你那里吗？

父亲：我无法判断，所以根据我的经验……

贾斯伯：我的意思是，你的女儿是否说过她不想去你那儿？

父亲：是的。

贾斯伯：她说过为什么吗？

父亲：说过。首先，因为没有足够的空间。我只有一个房间，所以她必须和我待在同一个房间。但我的意思是，她可以来看我，但她没有。

贾斯伯：好的，我现在要综合来看，因为在这场游戏中有很多的成员，当然我无法看到和理解所有的事情。我认为现在重要的是如何去解决你女儿带给你的那些失望、受伤的感觉或是你对女儿的爱的渴望。你现在所感受到的是你的真情实感。但是，如果你把这些信息传递给一个 12 岁的孩子——或者给一个 42 岁的人，然后它们又会被传回来。我认为，真正的痛苦在于，作为父亲，你那么爱自己的女儿，如果她不和你在一起的话，你就无法去给予这些爱。这让你很痛苦。在这种情况下无论是作为父亲还是母亲，我都会坚持和我的女儿说："我想要见到你。"我想要明确的是，我现在具体谈论的是一个 12 岁的孩子，而不是针对所有年龄段的孩子。所以我会去和我的女儿说："听好了，我是你的爸爸，我爱你，我想和你待在一起。"没有其他选择。关于住宿什么的，你可以提供也可以不提供，但是你必须要说的是："我想和你在一起"。

但作为一个 12 岁的孩子也不容易，多少都会遇到这样的情况："许多愤怒、分离等对我来说也需要花费很多精力去消化。我的父母对我来说并不是那么重要，我的朋友和其他事情对我来说更重要。现在我必须坐很久的车，或者我知道我是为了去见我的父亲。他那里也没有足够的空间，我还要和他睡在一个房间里，人们一般都不这样，等等。"这样很容易就会说出："我不想去"。

在过去的 40 年里，我遇到过很多有着类似情况的父亲。

他们的孩子在 8~14 岁不等——和这个案例中的女儿的情况类似——周末要和父亲待在一起。星期五晚上的时候还没有什么问题，但是周六中午的时候他们就会小声嘀咕："我想要和妈妈待在一起。我不想再去爸爸那里了。"那些可怜的父亲杵在那里，他们也期待着被爱，他们自言自语："怎么办，我该怎么办？"如果这些父亲学会说："好吧，但是那样不行。我想要和你待在一起，我是你的父亲，你今天待在这里，明天下午五点我会把你送到你母亲那里，但是在那之前不行。"我见过几百个女孩在父亲这么说的那一刻，心底的那块石头就落下了："好吧，爸爸在命令。一切都会好的。"

父亲：但如果母亲说："不，她不是非要去父亲那里……"？

贾斯伯：是的，但是女儿不能这样做。如果两个成年人之间的界线不清楚，事情当然会变得更困难。我只是想明确地说出我刚刚谈到的内容对你来说非常重要。你的女儿听到这一点非常重要。也许最后她还是会说："我不想去你那里。"我不知道其他国家的法律是怎样规定的。但是在丹麦，一个 12 岁的孩子是可以做出决定说："我不想去拜访我的父亲"或者 "现在我不想去拜访我的父亲"。

这就意味着，女儿必须要知道：这就是我父亲和我在一起的方式，我的父亲想和我在一起。当一个 12 岁的孩子只是看到和听到她的父亲对她的不满并因此感到受伤时，想要建立新关系的愿望就会变得越来越小。

分居夫妇的子女分别与父亲待一个星期，与母亲一起待一星期。这对孩子们来说是要耗费很大的精力的，父母经常要求10~16 岁的孩子这样，就好像孩子的时间属于父母一样。例如，当女儿对来看望她的父亲和母亲说："下周末是奶奶的生日，我要去那里"，然后父亲说："不，下周末是我的周末"，就总会出问题的，因为周末属于孩子们。

　　我认为非常重要的是，从现在开始就要说："我在这里，我想成为一个父亲，我爱你，我想和你共度时光。如果你不愿意的话，我必须去承受这个结果，但我并不想这样。"

第 **7** 章
我们真的
想要一个强壮健康的孩子吗

我很多年前就开始琢磨这章的内容了，但促使我提笔写下来的，还是在德国青少年援助系统中接触一个"个案"之后。在这里我想强调的是，这种情况比比皆是，希望相关专业人士不要对号入座。我知道你们有多么的尽心尽责和全力以赴地在这个领域工作着，我也知道你们也时不时会体验到那种挫败感。

　　我觉得这有点像安徒生童话里《皇帝的新装》中的那个男孩，如果我将这些指出来的话，很多人都会恍然大悟，但是对我们国家和社区的领导人来说，这看起来仍然像一个不能说的秘密。

　　我相信我的体验，因为这让我很不舒服。我曾经和不同国家成千上万个家庭一起工作过，很多家庭中都有着情绪障碍的儿童、青少年和成年人，各种各样专业人士都曾试图去帮助这些家庭。我相信，对于我以及其他参与者来说，这些体验都是一种宝贵的学习经历。在过去的 15 年里，我看到有些国家政府在削减本国的一些组织、机构和项目——最重要的是——这些项目的对象通常都是那些需要帮助的人。

　　尽管有着巨额的资金，但是这样的事情还是不可避免地发生了，恰恰还包括这些组织，而原因对我来说是显而易见的——就像我提到的那个说出皇帝没有穿衣服的男孩一样。我怀疑自己的举动，因为政治决策者和他们高水平的顾问相信皇帝绝对不是赤身裸体的，甚至他们会觉得皇帝穿着一件价值连城的长袍。那现在就让我冒着被嘲笑的风险，讲出我所观察到的以及我的结论吧。

引领即关系

回顾我与家庭和教育机构（如托儿所、幼儿园和学校）合作的 40 年和所涉及的许多问题，展望未来，我觉得今天有必要回到本章标题中所提到的问题：我们真的想要一个强壮健康的孩子吗？就我个人而言，我可以清楚地去回答这个问题。到我们能够培养和教育出健康儿童的那一天，对孩子及父母、教育工作者和负责国家经济的工作人员来说都将是一个的巨大礼物。为此，我们还必须考虑到对儿童的引领。在经济学中，各种反映领导力和思想的书籍比比皆是，但同时，如何发展家庭领导风格也是值得去关注的。请切记，儿童只是通往青年人、中年人和老年人的第一步。事实上，无论是哪个年龄段，我们谈论的都是所有人。因此，持续去讨论与家庭有关的领导问题，将有助于改善所有人的生活。孩子的幸福关系到我们所有人。

从我出版《你那潜力无限的孩子》一书的那天起，我就被称为孩子的朋友。从那天起，每当我参加公开讲座或采访时就会被冠以这个名号，对此我比较排斥。在我作为咨询师、心理治疗师和家庭治疗师的所有的职业生涯中，我一直都在试图鼓励和帮助那些和儿童或是青少年处于破坏性冲突中的人，在这个过程中，我一直在关注着他们和孩子的关系。我相信，这种努力已经帮到许多儿童，使他们朝着一个更好、更满意的方向去发展，但是更确切地说这也是我和成年人工作的结果，包括他们的行为、态度以及价值观。我的职业重点从来不会放在某个个体身上，我更关注的是对我们的健康及幸福有着决定性作用的人际关系现象。

这些年来，我对人际关系的关注一直被人觉得有些奇特、前卫，甚至被认为是对政治的一种挑衅，尽管理论和科学始终站在我这边，站在朝着同一个方向努力并得出相同结论的人这边。

我从来不是这些想法的创始人，只是它的使者。当《你那潜力无限的孩子》于 1995 年出版时，它得到各种褒奖——从"世纪教育学教科书"到"政治宣言"。另一方面，《你那潜力无限的孩子》并不是一本政治宣言，它只是将儿童、家庭和引领的问题汇集在了一起！《你那潜力无限的孩子》是我 20 多年来亲子关系工作的结果，我希望读者阅读时会产生一种感同身受的愉悦感和轻松。对于所有在沮丧和失望中苦苦挣扎的父母、老师和社会工作者来说，我的书很容易被看作是一个好消息。有很多快乐，但是也有很多攻击性，我还需要 10 年的时间，才能完全去理解和珍视这种攻击性。

从长远来看，我的书以及我在研究所所做的临床工作在许多方面都引入了一种新的引领的范示。直到 20 世纪 80 年代末和90 年代初期，丹尼尔·斯特恩博士、彼得·福纳吉博士、雷莫·拉戈博士和约翰·鲍尔比博士开始发表他们神经生物学和神经心理学的发现时，我们才意识到这一点。特别是神经科学能够通过彩色图像和图像录制的方式记录其研究结果。我们也开始希望能够去放下那些毫无意义以及道德防御的姿态，最终去兼顾到教养和父母的未来，而不是去修复和重构那些在现实中无法被修复的东西。

但是，您可能还想问，为什么我们依然要去寻找新的范式？为什么我们不努力寻求稳定和改善？答案是现有的范式对我们来说已一无所用，我希望本书能证明这一点。两个多世纪以来，旧的范式一直作为我们观点、理论和行为的基石存在着。尽管每一代都会产生一个与我们行为相匹配的、人性化、现代化的新观点，而且社会制度也逐渐发生着巨大的变化，看起来就好像我们停滞不前。无法实现目标的大部分原因是由社会造成的。进入 21 世纪，我们的关注点不再是生存本身，而是生活质量，对儿童还是成年人都是如此。这在几个世纪之前看起来还有点像乌托邦，不过对于世界上少数人来说，可能还依然如此。

自西格蒙德·弗洛伊德以来，特别是自现代心理治疗出现以来，我们对人以及人与人之间的关系有了越来越多的了解，而对于前辈的东西我们已能够取其精华、弃其糟粕。最重要的是，我们发现了个体的独特性，也发现了导致人们痛苦或是快乐的原因。然而，正如我下文所陈述的那样，单单靠这种可能的事实并不意味着它可以确保相应举措的实施。

关于儿童，毫无疑问的是我们已经从很多方面成功地改善了他们的生活。至少大多数儿童不再生活在焦虑和担心之中，而且他们也已拥有为自己发声的权利。21 世纪一项最伟大的成就就是，许多国家都开始禁止体罚儿童，尽管其过程中不乏"聪明"的成年人的反对。

2005 年以来，我大部分的工作时间都花在了来自不同背景和文化中的父母身上，他们对孩子悉心照料、诚实、有责任心并且很开明，他们总是想要为孩子做些什么，并且一直尽可能地想要为他们的生活提供更好的保证，他们想要过一种和祖先不同的生活。他们的奉献精神令人印象深刻，而且他们都以自己的方式获得了成功。这就好像那些为困难儿童和青少年提供帮助的优秀的幼儿园、学校一样。尽管如此，他们依旧代表着极少数人，而在大多数情况下，他们会受到社会各方面的阻碍和干扰。

推陈出新

我发现的另一件事情是，绝大多数父母和专业人士内心深处希望要的，和老师一样，无非是一个善良、乖巧、顺从合乎他们心意的孩子。

不同于之前的是，今天的我们想要用一种比 60 年前更友好且非暴力的方式来实现这个目的。这种矛盾的其中一个原因，看起来似乎是因为人们希望自己孩子拥有自己不曾体验过的高生活质量。他们希望自己的孩子能够茁壮成长，能够充分发挥自己的个人潜能，但是他们自己没有亲历过这个过程，自然就限制了他们作为过来人来指导自己孩子的能力。在这里我并不是要批评父母和教育工作者。我想要说明的只是，他们所面临的挑战是他们自己并没有接受到专业合格的教育，这确实是一个大胆的冒险。这同样适用于一个重要的问题——怎样才能做一个好的父母以及引领者？我从无数的研究结果以及实践与经验中所了解到，父母及专业人士的要素是：个人责任感、人格的完整、真实以及亲密关系。

这也就是说，父母是在没有相应知识以及足够阅历的情况下去追随这个想法和梦想的。父母不仅在试图改进他们父母或是祖父母曾经在他们身上使用的方法，同时也在尝试着去发现新的方法。这是一项艰巨的任务，是在创建历史，他们应该得到最大的钦佩和感激，因为他们在试着完成这项任务。

人生总有一条通往目标的路。这对孩子来说似乎有些困难，因为他初来乍到，但是只有他才能开启这个过程。最重要的是，人们要给孩子自由表达的机会，成年人要有勇气去倾听并对于孩子们的信息保持开放的态度——也就是说，他们必须要有袒露脆弱的勇气。这种生活、工作以及方式，不是民主两个字就可以说清楚的。我们成年人必须要有意愿和勇气去表达，更多地去学习，而不是去教授，更重要的是我们必须要学会相信我们的孩子也有这么做的能力。孩子会由于没有得到这种当之无愧的礼物而迷失，他们必须独自找到他们的路。这里的关键词是平等公正。

为什么所有这些对成年人来说都显得如此危险？据我所知，所有的问题最终会归结到权力上。对孩子而言，父母必须要拥有全部的权力，这也是旧范式的一个很大的组成部分。直到最近，人们才把儿童的教养看作是一个权力斗争（而大家的体验也是如此），而且还有一个共识，就是成年人每次或者永远都要赢得这场斗争。如今我们发现在家庭以及在学校中，出现了越来越多由于负面体验不想要再去使用权力的年轻人；他们的行为会使孩子们感到困惑，并且会因此而愤怒，这反过来也会引起破坏性以及自我毁灭的行为。

为了避免体罚现象的发生，欧盟理事会成功地引入了"积极养育"这个术语，但还是对形式温和的惩罚开了后门。也许有些人认为这对父母是有用的，对孩子也是有益的，或者也许是因为那些做决策的政治人士要比我们聪明得多。

那就让我们一起来仔细研究一下成年人和儿童之间的权力的概念，从而抛出在家庭以及在成年人和儿童中的引领问题。

第 **8** 章

权力和引领的关系

我出生在丹麦一个普通的工薪家庭中，在我的成长中并没有遭受过身体上的暴力。但是我父母最喜欢说的一句话是："我口袋里装着你的遗嘱——它随时都在哦！"这是一个专制的家庭结构，在这种家庭环境下，孩子们必须行为得体，在生活中也是如此。没有人去关心作为个体的我们是谁，也没有人关心我们的感受以及我们对生活的感知。这种完全错误的认知并非出于恶意或是冷漠无情，或者这根本不是出于父母的本意。这种情况随处可见——几乎发生在每个家庭和学校中。在很大一部分的家庭中还会存在言语和身体暴力——要么是为了掩盖父母的无助，要么是由于孩子没有百分之百地顺从而招致惩罚。在学校也是如此。导致虐待的原因和我们做了什么、为什么做都没有关系，只是因为不服从。

　　这样做的目的也再明了不过：要调教出良好的言行举止，也就是说，有礼貌以及能做到服从所有权威的意志。

　　今天的社会和经济按照不同的标准运作——至少在大多数情况下和世界许多地方一样。在家庭和机构中，法律禁止身体暴力，但对儿童和成人的羞辱却远未结束，大约50%的家庭中仍然发生着对儿童的暴力——尽管不像50年前那么频繁。

　　我们在发展，我们在变得更加文明，更重要的是：无论年龄大小，我们都会将孩子作为个体的人来对待，这使得儿童，甚至雇员的虐待现象减少了许多。就整体福祉而言，我们在短短半个世纪中走过了漫长的道路。

然而，我们仍然在和权力原则作斗争。我们应该如何以及在什么时候去使用它？领导能力有什么作用？家庭和学校的领头狼——你如何定义自己对孩子的权力呢？

为了澄清这一点，我们需要明确区分父母（或那些取代亲生父母的人）和专业人士。教养原则是相同的，但对儿童的个人和社会心理发展的影响是完全不同的。父母的影响力远比专业人士大得多——无论是好的还是坏的。

权力的悖论以及父母应如何使用权力

父母权力存在于两个层面，简而言之：就是将爱转化为行动的能力，让每个孩子都能感受到被爱和被珍视——即他们多年后回想起来也是如此。很多已长大成人的孩子的故事里，父母舐犊情深，而他们自己却从不曾有过被爱的感觉。后来他们自己为人父母，自尊很低或者根本没有自尊，充满了羞耻感和内疚感。他们知道自己的父母爱他们，但是却无法去爱和欣赏自己。那么多父母不经意地去重复自己父母的行为模式，恰恰就是因为这种悖论以及孩子对父母的绝对信任——尤其是童年时给他们带来痛苦的那些行为。

在这种力量（权力）的影响下，在大自然的恩赐下，父母很快有了他们的第一个孩子，同时也被赋予了力量（权力）。对于这种权力，很多父母要么没有意识到，要么没有能力去使用，要么干脆就故意将其忽视。取而代之的是他们和孩子们之间的权力斗争——吃饭、穿衣、睡觉、哭闹、哄他们，和他们玩耍，以及为家庭作业和他们斗智斗勇。这不仅仅是事倍功半的事，而且是对时间和精力巨大的浪费，这是一场无休无止的战争——更严重的是——最终，孩子的绝对臣服会导致自尊低下，以及生活能力和健康状况的恶化。甚至于我们在内心深处经常忘记去审视这一切是否真的有价值。为了调节并纠正这种平衡，我们需要学习对话的艺术。谈到这点，对话似乎是鼓励和教会父母肃清障碍，和自己以及孩子建立真正连接的最好的方式。对于建立在爱的基础上的关系，真诚和敏感是真正亲密的唯一途径。这也是拥有和行驶权力的真正悖论：引领的同时也保持敏感。

从婴儿呱呱坠地那天起，父母的权威就通过完全依赖、无条件的爱以及孩子绝对的信任保持着，没有哪一个皇帝、独裁者、政治家、实业家可以从他们的臣民、下属那里得到这样的礼物，但是大多数父母却没有意识到他们得到的是一个多么厚重的礼物，或是很快就慢慢淡忘了。他们似乎更关注的是"抚养""教育"或是"管理"，还有 "操纵"，他们忙着去使用这些方式来对待孩子，而不是去珍惜和珍藏这些礼物。孩子们竭尽全力地去配合他们，在信任缺乏的情况下无止境地全身心地去取悦父母，去求生存。

在父母的身份之下，权力和责任并驾齐驱。父母操纵着手中的权力——不管你愿意与否，都不能幸免——这和他们的责任密切相关，但同时他们却忽略了孩子自尊的发展，甚至还不惜去破坏它们。无论在生活中，还是在形成和维持一个完整的人格的过程中，甚至于在社会关系的构建中，自尊都是至关重要的。

除了这种与生俱来的、横在亲子关系中的这股强大的力量之外，父母还有一种做出日常决定和制定规则的组织权力——经济权力、政治权力、和孩子待在一起还是分开的权力，以及是自己照顾孩子还是让其他人来照顾的权力。事实上，父母一直拥有着莫大的权力，因此，相比帮助父母实现其意志的新的"养育方法"而言，如何教养孩子的新的道德准则的需求更为迫切。我觉得这就好像是人们对于新的教育方法的迫切期待，就如我们在过去的几十年中看到的那样，旧的范式好像是在做最后的垂死挣扎。毫无疑问，孩子需要成人的引领和陪伴，但是我们必须非常谨慎地去行使我们的引领。真实的（这就意味着总是保持敏感性）同理心，个人责任和个人意志以及持续学习组成了新的范式的核心。

对成千上万的生活在现代社会的父母来说，他们面临着巨大且激动人心的挑战，因为他们既可以选择继承他们父母或者祖父母的价值观，也可以冒险去创建一种新的价值观。这样一来，选择后者的人们很快就会面对这样一个事实，即他们必须要自己去找到一种品质，这种品质有时和父母传授技能的方式不尽相同甚至有时是截然相反的。

孩子不应该通过指导来学习，而是要自主钻研地去学习，所以，为了和他们建立有意义且健康的关系，我们更应该和他们一起学习或是向他们学习。现已非常普遍的社会化随时都在教孩子如何去适应社会。只有父母才能确保孩子在个性化和适应社会之间发展出健康和适度的平衡，并使得他们在之后有机会做出恰当的选择。教育机构倾向于统一化以及去抱怨这种让每一个孩子个性化的考虑所带来的困难。一种无稽之谈认为强烈的个性化对于团体是危险的，而且会危及家庭和社会的团结，这种想法还在毒害着很多人。

第 **9** 章

孩子的未来即现在

自中世纪以来，父母就一直尝试着去规划孩子的未来。这同时也滋生出许多担心和焦虑。第二次世界大战之后，经济安全成了社会的主旋律。后来到了繁荣昌盛的时代，这时，父母的口头禅是"我所有的愿望就是想让你快乐"。千禧年来，父母的角色身份愈来愈凸显出来。在某种程度上，是时候提出一些基本的伦理方面的问题了。孩子到底在父母的生活中扮演着一个怎样的角色——在他们自己的生活里又是怎样的呢？如果我们去注意自己的行为以及去关注孩子，就可以在一定程度上规避掉一些负面的后果。

作为父母，你想要什么

你是真的只想让你的孩子幸福吗？你是不是经常会去思考孩子的教育和职业？你最大的担心是什么？你对孩子的未来有什么规划——你的规划在多大程度上会影响到你的孩子？孩子成长为一个健康有能力的人对你来说有多重要？

生儿育女首先是一个非常自私的事情。我们生育不是因为孩子本身，而是希望他们能够丰富我们的生活。从孩子呱呱坠地的那天起，我们的自我追求会降低，而照顾孩子的兴趣会陡升。父母的态度经常在两个极端之间摇摆不定。在"你是我们的孩子，我可以决定"以及"我的孩子就是我的生命"之间存在着一个平衡点。

无论孩子是如何出生的，以及孩子的父母又对孩子有着怎样的规划和焦虑，这里都有无数个正确的选择——或者还有更多可能被误解的错误选择，但是尽管如此，我们有着这样做的共同动力。大多数的父母都会希望他们的孩子可以保持身体健康，并且具有恰当处理自己事务以及与他人交流的社会能力。

这一愿望适用于所有儿童，无论他们出生环境如何、健康与否，有无慢性疾病或是否残疾、出身富庶还是贫寒。无论是在学校还是生活中，心理健康和社会能力都是他们得以更好地学习的先决条件。对于未来可能发生的任何危险，心理健康和社会能力还是最佳的保护因素，而且，它们还能够很好地预防依赖、虐待、暴力、进食障碍以及其他许多疾病。它们比边界、规则、惩罚、道德或评价，以及所有我们通常看来有预防效果的方法更为有用。

在许多方面，今天的成年人和儿童都比以往任何时候要好。如果去审视一下我们的心理健康和社会能力，就会发现我们的努力常常是徒劳无功的。数字更能说明问题：滥用和依赖越来越多，参加心理治疗的儿童、青少年以及成年人的数量也越来越多。使用抗抑郁药、安眠药等药物来调节身心健康的人数更是高得让人瞠目结舌。社会和卫生领域的成本都在不断地增加，但结果却是事倍功半。一个确保我们健康和生活质量、国泰民安的社会梦想已经演变成了一场噩梦。唯一可行的方案就是：个人责任。

你能做什么

最好的保护因子有以下几点：

○ 发展出一种健康的自我感觉以及被所爱的人所珍视的体验。此时此刻的我们是值得被爱的。

○ 尽可能地去体验生活，尽可能地去发展我们的潜能，包括智力、情感和心理层面。所有这些都会增强我们的自尊心。

这些特性主要都是在家庭中发展出来的。教育机构倾向于放眼未来，尽管将更多的注意力放在此时此刻会改善孩子们的学习，但机构更关注的是发展新的能力。

对于今天的儿童来讲这是一个严肃的问题：父母试图采用老师的教育技巧来教育他们。即使在属于玩耍和活动的课余时间，父母也会催促他们学习。孩子们只能通过电视、电影或其他的媒体来度过他们的娱乐时光。这就造就了一批被娱乐节目过度刺激的男生女生们。他们既没有学到什么，也没有办法了解到他们应该怎样找到适合他们自己的感兴趣的路，然后就会诱发身心问题以及出现所谓的"行为异常"。

如果父母依然对孩子的未来抱有雄心壮志且有设定目标的话，那么会发生两件事：

○ 第一个后果是高应激因素。儿童可能比成年人更具有承受力，但前提是他们需要学会放松。当然，这需要对内在发生的事件保持觉察的经验和能力。今天我们称之为"正念"。

○ 接下来发生的同样会对保护身心健康产生影响。如果我的父母一直都在操心我的将来的话，那么我就会觉得此时此刻的我并不够好！这妨碍了自我感觉的发展。这种自我价值感是比自信还要重要的一种保护，因为我们可以通过学习各种能力来获得自信。

感觉此时此刻的自己不够好：悖论的部分在于那些父母希望孩子为之去奋斗的目标，恰恰是自己因为某种原因没有实现的。如果我们去询问 45 岁以上的顶级运动员或者是公司的老板，父母的自信和身份象征是否对他们的人际关系以及家庭生活起到了特别的影响，一致的答案是"并没有"。

保持个性化，一个新的世界将会为你拉开帷幕

现在的儿童无疑接受了过多的"教育"。这种现象带来的一个明显后果是"教育"正在慢慢地失去其影响力，且变得无关紧要——甚至有时候会适得其反。孩子们也会重新觉得自己渐渐沦为父母建立公共或个人形象的工具。所谓的"无缘无故生气"以及"对着干的行为"正在与日俱增。

为什么有些孩子会违抗命令或是大发雷霆？因为父母告诉他们："如果你不为了我们——你们的父母这么做的话，你永远都不会成为一个体面的人！"这是一个对儿童想要配合的天性和愿望不信任的宣言，也是对孩子未来控制的新一轮尝试。许多家长对孩子真实的想法和感受并不感兴趣。他们更感兴趣的是，孩子要听话。如果这些行为再被宣扬，孩子的自尊心就会被大大削弱，许多孩子还会发展出习得性无助。那怎么办呢？

解决方案说难也不难，说简单也不简单。

○ 多花一些时间和你的孩子在一起，最好别使用什么所谓的

"益智玩具"。无需言语，就那么安静地坐着、观察着，你将会得到很多关于孩子的新信息。试着不去教育或是去教他。只要我们简单地去接受他们本来的样子以及个性化的部分，一个崭新的世界将会展现在你的面前。

○ 如果孩子对你说"我实在是太无聊了"，千万别担心。你没必要感到内疚，也没有必要马上去提出或是张罗一个铁定会被拒绝的提议。给他一个友好的微笑并和他说："恭喜啊，我的朋友。我们一起来看看你有什么想法，这可能会让我们兴奋哦。"无聊通常都不会超过20分钟。这正是人们需要脱离外部干扰，和自己以及自己的创造力待在一起的机会。当听到孩子说无聊、内心焦躁不安的时候，请关掉你的手机、电脑或电视，给自己一个收获惊喜的可能，看看会发生些什么。

○ 如果你有机会在孩子上床睡觉时和他待一会儿的话，请和他聊聊你的一天都发生了些什么。别去问他今天怎么样——他会主动告诉你的。当你和孩子一起玩的时候，请把主动权交给孩子而不是去操控整个情境。

○ 对于沉默或是小的暂停你也没有必要担心——这两者都会有益于营造氛围。试着不要过多地去承担责任，也就是说不要过度去负责。你可能会觉得作为父母的责任感妨碍了你和孩子之间建立真正的关系。但是，如果你想要发展一段私人关系的话，你必须要袒露自我而不是去掩饰自己的脆弱。

以这样的方式和孩子相处的话，分分秒秒都会强化对他身心的保护。因此，你不必要去担心未来，因为你已经在你们之间建立了一个健康的关系。这要比你能想象到的任何预防措施都要好得多。

第 **10** 章

影响领导力的价值观

我相信我的父母和今天的父母一样，在父母角色以及和孩子相处上都有着许多情绪上的困扰。但是涉及价值观——比如涉及发生某事我们应该怎么做的时候，他们的处理却要简单得多。他们可以和邻居、兄弟姐妹或是我们的老师来交流，所有人的观点都会如出一辙。我基本上记不起来我的父母和老师曾经就此出现过什么分歧。当父母觉得我是一个难搞的孩子时，老师也会这么认为，现在这种事情几乎是少之又少——可怜的老师！

　　我的父母和朋友父母的价值观也非常简单："在我们的家庭中，别人做什么我们就做什么，别人不做的我们也不做"。今天不会再有"别人"了。当然我们也许会觉得沮丧，也可以说我们失去了非常宝贵的东西。因为我们一直以来所追随的延续了200~300年的价值观，或多或少都消失不见了。当然我也会觉得，祖先的一些价值观也并不是多有建设性。作为夫妻、伴侣或父母，我们今天有着不同的目标。

家庭和伴侣关系中的价值观

我们的价值观的来源有很多：

○ 哲学
○ 宗教信仰
○ 政治
○ 心理学
○ 原生家庭
○ 奶奶
○ 最喜欢的老师或导师
○ 精神上的见解和经验

在我的《家庭承担了什么》一书中，我试图去详细描述家庭生活的 4 个基本价值观。这些价值观是我多年来参与家庭共同工作的知识和经验的总结。当我开始参与治疗工作的时候，我脑子里并没有刻意去想这些，但是在努力解决这些家庭的冲突和分歧的过程中，这些价值观自然而然地呈现出来。这些价值观并不是为了对那些家庭中的冲突和问题起到防患于未然的作用，而更像是一种简单的原则和指导方针，它能够帮助你度过最艰难的时期，使你从中获取更多的生活智慧，使你的家庭关系更加亲密。

这些价值观是：

○ 平等公正
○ 人格完整
○ 真实
○ 个人责任感

如果你想要在一些相关的书中对这 4 个价值观做进一步的了解，或者如果你在下面的文字中读到我的重点摘要，你应该了解，重要的不是你认同与否，而是你开始对自己及伴侣的价值观进行思考了。思考自己的价值观可以节省很多时间和精力，会让你成为一个值得信赖的人，同时也会强化你的个人权威性，会使你和孩子的亲子关系的建立变得更容易，也会少一些困惑和混乱感。

事实上这就好像是一个足球或是篮球教练，每个教练都有自己的训练理念，球员们知道教练的期待和目标。当一个教练每 4 个星期更换一次训练理念的话，球员们就会感到很困惑，导致整个球队的表现也会很糟糕。

今天，许多家庭的孩子们就处于这种混乱和困惑之中，因为家长们总是毫无征兆、毫无缘由地去随意改变他们的价值观。早上起床的时候，他们会信誓旦旦想要成为好父母。但是当他们两岁的小宝宝忽然拒绝和家庭其他成员一起外出的时候，他们就会感到无助，然后就会马上回到原来旧的价值观和规则之中，他们可能会拍宝宝几下或者对他们的抗议不予理睬。想象一下，如果你的伴侣这样随心所欲地去改变他的价值观的话会是什么情景——然后你就会明白这对孩子们来说有多么的困难。

试着在你自己以及你的决策中找到你的价值观。试着追溯一下它的来源，然后决定你是不是还要保留这样的价值观。只有当你知道这些价值观是为何存在以及为什么你会有这样价值观的时候，你才能够找到更符合你期待和目标的价值观来取而代之。

在继续下一个部分之前，我想在这里提醒一下：无论你的价值观有多么重要，都不要让它们超过你所爱的人。如果这样的话，就不是价值观的问题了。

我想要说的是，对我和我的工作来说，平等公正、人格完整、真实、个人责任感这 4 个核心价值观是远远不够的。我相信每个家庭都需要不同的价值观。而这些价值观可能来自于我知之甚少的部分。他们可以源于哲学、政治、宗教或者其他什么领域。在本书中描述的这 4 个价值观是对于一个健康家庭来说最低的要求。我特意在这里使用"健康"这个词，第一个原因是，我们通过许多知识了解到哪些是精神健康，而哪些又不是。第二个原因是我们今天都想要获取幸福。很多父母虽然不一定非要自己幸福，但是他们一定是想要让孩子幸福的，他们希望自己的孩子一天 24 个小时都幸福快乐。这当然是很疯狂且不切实际的，但这的确是现在的一种社会趋势。在这里我想要谈一下我自己的理解。

我所提到的价值观并不是我原创的，它们不是我发明的——除了平等公正。但是 40 多年来，我们都在这个基础上工作着。有些家庭中的问题解决起来相对比较困难，也有些家庭并没有什么大问题。我发现基本的价值观对一个家庭是非常有意义的。有时候你去听一场讲座或读一本书，你可能会对这些内容有不同看法。但我关心的是另外的问题，我在想，如果你就这些内容可以引发一些思考："我究竟有哪些价值观？""我从父母那里继承了哪些价值观？""我觉得哪些是有价值的，哪些又没什么意义？""如果我们去比较我们的价值观并想要去与之融合的话，我们共同的价值观又是怎样的？""这是不是我们想要的价值观，还是也许我们想要的是完全不同的东西呢？"

　　自然而然，你也会想到本书中我提到的那些问题。我们应该做些什么：一起成为领头狼？我想要的是什么？你想要的是什么？我们应该怎样去想象那些对我们孩子同样有影响力的人？老师、保姆或是爷爷奶奶？我们应该怎样去看待他们的行为？在思想上我们想要试着去影响孩子的是什么？

　　大约 5 年前，我对来自丹麦、挪威和瑞典的 25 对伴侣做了一个非官方的研究，我请他们在脖子上挂个录音机，和家人一起度过整个周末。同时尽量录下这些父母对孩子一天所说的话，然后我们可以来比较一下他们的价值观。令人大吃一惊的是 3 个国家的父母对孩子的回应率是所差无几的。家长们发现他们对孩子说的 50% 的话里，不是没什么用，就是词不达意，或者两者兼而有之。18%~20% 的家长都被吓到了，因为他们对孩子所说的话都是自己不想说的——有些是自己的父母和他们说过，而他们发誓永远都不会对孩子说的话。但是无论如何他们还是这样做了。听到剩下 15%~18% 的录音时，父母会说："是的，我想要做的不是只有 15% 的父亲，而是要做 100%。"

这就是为什么价值观如此重要的原因——不仅仅对成年人来说是这样，对孩子也亦如此——我们对自己的价值观进行思考，并形成了这些价值观，或是至少是为了彼此而形成的。然后我们就能够看到，它是怎么样发展而来的。这个也非常重要，因为也许我们 5 年后不想再持有这样的价值观。

这不仅仅是一种哲学性思维的联系，重要的是因为如今的许多父母谈到教养孩子的时候，都是关于他们做的工作和任务。"多累啊！ 3 个孩子，天哪，谁来做呢？ "我理解这种感觉。如果人们生活在接二连三的冲突和事情中，类似如此"谢天谢地，今天早上我儿子至少刷了牙，尽管他不想穿衣服"，这当然是很让人头疼的。然后人们就会想到我这类所谓的专家，这里我想要谈的是：经常有人说我是一个教养专家，当然这是不准确的——在我看来，这样的专家是不存在的。至少我没有见过。在德国，这点确实会让人觉得有点困惑，因为可以在这里学习教育学。当然这并不意味着这里就会有很多教育专家。不幸的是，在过去的 20年里，教育和教育学两个术语经常被混为一谈，但是家庭教养的内容和体制内的教育学是完全不一样的。否则就会带来很多的问题。

父母会问所谓的教养专家："我该怎么办呢？我的孩子不想吃蔬菜？我的孩子不想睡觉，我该怎么办呢的？我的孩子不想做作业，我该怎么办呢？我 15 岁的儿子晚上不回家，我该怎么办呢？ "众所周知，对于这些问题而言并不存在真正的答案。这些问题的答案是多种多样的，你可以买上千本相关的书，但是其实那些答案都不会太奏效，也没有多可靠。要想在这样的情况下做出更好的决定，是不需要教养专家的——人们需要属于自己的价值观，人们需要自己的反思和专业反馈，人们必须要自己去思考。

对儿童来说，很明显，价值观起着很重要的作用。我孙子3岁的时候，有一天，他父母回来比较晚，他就单独和我待在一起。我们俩打算一起吃饭。我和他一起读了一本书，然后我说："阿莱克斯，我现在饿了，要去吃点东西，你饿吗？"他说："我不饿。"然后我就去厨房，开始给自己弄一些吃的，我估计他父母会在20~25分钟之后回来，然后我们再一起吃饭。5分钟之后，他妈妈回来了，阿莱克斯就跑到妈妈跟前和她说："你知道吗，我爷爷饿的时候，我是可以不吃东西的。"我觉得这个故事很好地反映了孩子的思考方式——孩子的想法是很直接的："我必须像我父母那样，或者像我爷爷奶奶那样。"对于我的孙子而言，这是一个非常重要的体验，他不是必须要做某些事情的——这也就意味着，他会把这种经验带到家里，两三年以后就可以运用得得心应手了。我并不确定他之前已经想了多久——或者他想这么做已经很久了。

在这里我们又回到这个主题——这种体验是一种价值观的结果，也是我的价值观之一：平等公正。人们可以有其他的价值观，比如："在我们家里我们会在6：15的时候一起吃饭，吃完之后大家才会离开。"在我父母家时也是这样的。其实那也没多舒服，我们有时候胃口不是特别好，也挺无聊的，但我们有这样的习惯，对父母而言最重要的是——安静。那时候女人也很安静，也就是说，当孩子们都安静下来的时候，那真的是静谧无声了！

接下来我将会详细介绍平等公正、人格完整、真实和个人责任感之类的价值观，因为它们都是成功的家庭引领中不可或缺的部分。

平等公正——接纳他人并认真对待

"平等公正"不等同于"一样"。当我谈到成年人和儿童之间平等公正时（不仅仅是对父母而言，对于教育家也亦如此），很多的成年人会将这个术语理解为孩子和父母拥有同等的权力。当然不是这个意思，因此我使用的是平等公正。

这个事实是毋庸置疑的，而且直到现在也是如此：在家庭中，成年人拥有至高无上的权力，但是我们也见过一些家庭的孩子竟然处于核心主导的位置，这只有在父母不想拥有此权力时才会出现。

平等公正意味着作为伴侣或是父母，我应该像对待自己一样认真对待我的伴侣或是孩子。我必须要试着去考虑到我的妻子、丈夫以及孩子的需要、愿望、梦想以及他们的雄心壮志，而不是去忽略，和他们说"这是不可能的"或是"等你长大了以后我们再讨论这个。"这种练习非常难，但却很值得——这对儿童和成年人都是如此。

这种练习我们已经做了 30 多年，并且已经硕果累累。但我认为，要让这种平等公正变成一种习惯还需要一代人的努力，但是对我们所有人而言已经不会像以前那么难了。

在我们这一代中，女性们做出决定并这样表达："现在我想要的不仅仅是行使我们的职责，我们还想要作为一个有价值的人被认可。我们想要的不仅仅是扮演传统的角色，以及一个只是角色扮演的伴侣关系。"如何才能做到这一点呢？我们那一代人也会这样说："父亲是这个家庭里不可或缺的部分。"在我们的经验里这是一个全新的理念。关于父亲的部分我专门用了一个章节来讨论"男人和父亲在哪里？"他们从未真正融入家庭，他们在家庭中被边缘化，总是在赚钱。他们一直履行着自己的职责义务，然而却从来都不是家庭情感基础的部分。因此家庭成了女人的责任，女人也就自然而然地接管了这个部分。今天我们注意到，很多父亲也在慢慢开始承担这个部分。开始做家务、做饭或者其他别的什么——今天我们已经到了另一个新阶段：我们谈论的是，父亲意味着什么？

平等公正非常重要，但是这也使得家庭关系变得异常困难。重点在于如何在家庭中发挥平等尊重的引领作用。如上所述，这里面必须要考虑到对方的需求、愿望、梦想、想法以及思维。你不一定要参与所有事情，但是你必须要认真对待以及关注到它们。

人格完整（正直）——个人边界、需求和价值观

完整（正直）是一个古老的概念。我们过去曾经谈到过道德上的正直。一个言说必行的人在社会中一直都很受尊重。然而，完整还包括一些完全不同的东西——它涉及我们的个人界限、需求、感受等与我们的行为举止的协调一致性。

在过去的 10 年里，我们一直在谈论与孩子们相处的边界问题，还有像《孩子需要边界》这样的书籍——好像对孩子们来说，最重要的事情就是成年人为他们设定边界。我想我们大多数人都觉得孩子们没有边界——这完全是无稽之谈。当人们谈到边界时，他们指的是规则。人们可能会说："正因为有这些规则，所以我们吃饭，所以我们睡觉，所以我们才会做这个做那个。我们才不会穿着鞋子在房间里走来走去"等。但这与边界无关——这些都是规则。我们应该真正谈论的是儿童有边界的事实。儿童从呱呱坠地的那一刻起就拥有着自己的边界——我们应该如何去对待他们的边界呢？

几十年乃至几个世纪以来我们都没有意识到儿童的边界，我

们伤害并忽视了他们。今天，我们需要去承认的是孩子们确实是有界限的，我们需要去考虑如何对待他们的边界。我们所说的很多教育都破坏了儿童的边界并且使他们痛苦不堪。我们真的需要这样吗？这真的是有必要的吗？我们的孩子真的一定要去受到这种委屈和伤害吗？或者我们应该关注的是如何对待他们才不至于去侵犯他们的边界，从而孩子也不会去破坏我们的边界——我们都知道，孩子们是合作的。

有时候会有很多让人难过的事发生，比如一些学校的枪击事件。在其中一个事件中，这个青少年留了一封信，信中明确写道，他在学校待了 10 年，这 10 年中每天都有人和他说他是一个失败者。我们都知道这是千真万确的——这就是成年人和孩子们的相处方式！当然随后的问题就是这些孩子们不再接受我们建立的边界。

我们每天都在学习一些新事物。这种能力给我们带来了很多帮助，我们现在可以对婴儿、小孩子或者稍微大一些的儿童进行拍摄，然后我们可以非常清楚地看到：如果过多地干涉我们的孩子就会伤害到他们。我的父母就没有这种困扰，因为他们的观念是：这种痛苦是必须的啊。做小孩必然不会多么有意思——只有当父母不在身边的时候，他才有自己的自由。是的，我们每天依旧在持续不断地伤害着孩子的边界，尽管渐渐地我们也在做着一些改变，比如我们试着友好地对待他们，就如我们所说的那样。我们试着以另外的方式和方法去爱和教育他们,这点真的非常好。但是这并不意味着我们已经大功告成了。因此,人格的完整（正直）

是家庭里爱的引领中非常重要的一个组成部分。对于女性的这个部分我也谈了很多，因为在过去的家庭中，女性也经常受到伤害。她们不允许有自己的边界，不允许与自己的男人或者其他的什么人划清边界。尽管如此，这个主题对她们来说还是相对比较陌生的，对男人们来说就不仅仅是新鲜了，而几乎是一无所知的。

　　人格的完整（正直）是非常重要的——我们做了些什么让别人受到伤害，这种伤害是怎么造成的？让我举个例子：我们大多数人都非常关心我们的孩子，我们绝对不想要去伤害他们。我们不想侵犯他们的界限，我们是真的想满足他们的所有需求。这里就有一些小的误解。今天有许多父母，他们不了解愿望和需要之间的区别。这些父母会倾其所有去满足他们的孩子，但是他们却并不知道孩子们需要的是什么。这就是问题所在，许多 60 岁以上的人对父母应努力了解孩子的需要持强烈的批判态度。我觉得人们也不用刻意去做些什么，因为这些都是不可避免的，如果我们要开发一些新的教养的方式方法的话，我们一定也会犯许多错误。

　　在沟通中、在人际交往甚至于在伴侣关系中，当一些特定的事情发生的时候，我们都会很清楚地注意到，只要"我"谈论"我自己"，和"你"谈论"你自己"，或者只要我们谈论一个共同的话题的时候，一切都很好，有时甚至会拉近距离，促进彼此理解。但是一旦我们开始谈论彼此的时候，问题就出现了。然后我们开始互相伤害，徒劳无益。这正是我们每天与孩子们所做的事情。

　　挪威研究员贝雷特·贝发明了一个叫作"成年人赋权"的

精彩概念。这个术语描述了一种现象，当成年人说话的时候经常会这样"你就是这样或那样……现在你就是这样……现在你不这样，就会……"我们都清楚地知道，我们未成年之前是不能这样说话的。人们当然可以试着用这样的方式和你的伴侣相处一个星期——然后周日的时候你就永失所爱了。但是孩子要每天都暴露在这样的言语轰炸之下。大人们总是说"你就是这样，你是这样的，你是这样的。"而不是在表现出很感兴趣后问道："你是谁啊？"我写过一本叫作《边界，亲近，尊重》的书。最开始的名字是《我在这里！你是谁？》，在我们宝宝生命中最初的几周和几个月的时候，我们就已经开始问这样的问题了，因为我们非常地好奇："你是谁呢？你是一个什么样的人？这是什么意思，那又是什么意思？你现在想和我们说一些什么？"遗憾的是，大约一年以后这一切就戛然而止了。无独有偶，在我们的婚姻中也是如此，开始的时候我们都对对方非常感兴趣，一年以后就变成："嗯嗯，我知道你是什么样的。"

有些问题可以通过法律来改变，我们也有这样做的。联合国大会通过了《儿童权力公约》，我相信现在欧洲所有的国家都禁止在教育中使用暴力，不仅在学校，而且在家庭中也是如此。

遗憾的是，这并不意味着一切安好。现在，仍有一些国家存在父母殴打孩子的现象，而且我们也知道其中不乏性侵（这种情况在现今真的是让人非常郁闷）。

追求真实——爱的关系里的核心

　　由于某种原因，做到真实并不容易。当说到在亲子关系中要尽可能保持真实的时候，会觉得很难。我们需要考虑的是，孩子的自我在许多父母看来是危险的，是不被允许的。而我们的父母也是如此。"你到底是谁"这个问题是他们这一代人不感兴趣的。"你是谁"这一点对他们来说不重要，重要的是你能不能好好表现。

　　如今，情况就有所不同了，感谢上帝，父母和日托中心以及学前班——至于学校我不是特别地确定——今天有了新的目标：他们关注的不是全力以赴地去教育孩子，而是希望孩子去成长以及自我发展。当他们 17 岁或是 18 岁的时候，要意识到自己是一个个体，并对自己的个性有所了解——他们有了自尊心。为了做到这一点，就需要父母至少要尽可能地保持真实。我们今天在工作中遇到很多年轻的父母恰恰相反——他们试着扮演父母。你可以非常明显地听到一些非常奇怪的语调。他们的脸上总是挂着一种奇怪的微笑——一种友好（对儿童）的微笑——他们把能说的都说了。大约过了 2~3 年以后，这些父母就会非常沮丧，他们会遇到问题，"为什么他们的孩子不再听他们的了，为什么孩子变得不听话了？"当成年人讲话的时候，而且很诚恳地说一些事情的时候，孩子就会竖起耳朵来听。但是，你所说的必须要言之有物，不然孩子们就会听不进去。

人们必须不断地问自己，"我到底是谁？"这是一个非常神奇，非常复杂，也通常让人不怎么舒服的问题。你必须要问自己："我到底想表达什么意思？我想要的到底是什么？"这个意愿的部分有点像我在德国的议题——我总是试图告诉那些母亲尽量不要说"我想"。许多人所有的时间都在和孩子们说"我想"，如果完全无济于事的时候，她们说"妈妈想"——也就是说以第三者的口吻来表达自己的感受，然后她们就惊喜地发现她们和孩子形成了互动。

试着想象一下，我们彼此聊天的时候或者我想和妻子说话的时候，说："你的老公觉得，你……""你的老公现在要吃饭了"等这些话会觉得特别可笑。但是我们以这种方式随意地和孩子聊天的话——那真的是太好，太可爱了，以这样的方式我们就可以经过一个小的迷你天堂将我们的幻想保存下来。幸运的是现在许多的父母都希望能帮助他们的孩子培养出健康的自尊和自我价值感。我们中的大多数人都知道在关系中或是在工作中没有进展但还必须要去尝试的时候是多么的痛苦。

生儿育女是成年人发展自我意识的最佳方式。这是因为孩子们不断挑战我们，他们总是会要些什么，我们总是不知道，我们又应该怎么做。"我想要这个吗？我不想要那个吗？我应该这么做吗？或者如果我不想这么做的话我就是一个不好的父亲？"每天有成千上万的这类的问题，我们每天都能对自己有多一些的了解。我们有兴趣寻找和了解自我，对我们的孩子来说远比去绕弯路学习教育和养育的理论更加的重要。然后我们就能够和我们的孩子们说："我不知道，实际上我真的不知道。你现在能不能做这个做那个的时候，实话说，我现在确实不知道。我必须思考一下，然后明天或者后天我会告诉你。"我相信，孩子们在这十几年中给予父母最大的礼物是他们使得他们的父母有机会可以去找寻自我，并问自己："我究竟是谁？我想要什么，我又不想要什么？"而不是去问："如果可能的话，我会喜欢什么？"

"如果不能真实地表达意愿，爱情关系就不会成功。"这句话不是我说的，而是出自神经生物学家格拉德·许特。他说的是：没有真实，没有关系。当我们谈到成年人在一起生活的时候，这个观点也是令人耳目一新的。一直以来都有这种需求，她们希望男性有时候能够真实地表达自己的想法和感受。如果不是出于真实的话就没有意义。真实意味着什么？为什么它是有价值的？如果我们成功地将真实和诚信落实到我们的一言一行中的话，我们的自尊心就会增强！

男人和女人之间一直有一个古老的争执。在我的第一次婚姻中就有过这种类似的争吵，现在是我的第二段婚姻，我现在在此作为一个例子来讲述。我的妻子会突然毫无征兆地说一句："你根本就不在。"我知道，好戏要开始了。当这种情况发生的时候，我们男性普遍通常都会习惯性地反应，都会先问这样一个问题："你是什么意思呢？"这样我们就为自己争取了一些时间，

来组织语言进行自我辩护。大多数女性很喜欢一遍一遍地去解释
她们的意思。然后我们就开始撒谎了，我们试着幽默一些，我们
这样说："我在这里啊，你看，这里。"然后妻子就说："你的
身体在，但是此刻我想要的不是你的躯壳。"我们都知道，争吵
可以持续数个小时或者干脆是一宿，然后真的会变成冷战。男人
事实上也可以试着去说实话。也就是说，当妻子说你不在的时候，
男人可以先认真听，然后说："不，我实际上是在场的。也许这
种感觉会一直持续到我再次离开这个房间"。接下来会发生什么
呢：然后这件事就过去了，男人自然而然就处于了一个在场的状
态，因为他说了实话。人们可以因此节省很多时间。

　　对于教师这样的专业人员来说，保持真实是非常困难的，
因为他们认为他们的权威是和他们的角色相关的。但现在的孩子
会说："不，这不是这样的。我们尊重你只是因为你是老师而已。"
我们必须使用个人权威来取代基于角色的权威，这对每个人都有
好处——对老师也亦如此。但是这并不容易，过一段时间，作为
老师的你就会有种不安全感，那种不知道要说些什么的不安全感。
保持真实并不容易，但是是值得一试的。

责任——对于社会以及自己

我们都知道对于社会而言，社会责任意味着一个古老而美丽的故事。因此我们一直都在教育我们的孩子要有责任感。社会责任是对邻居、城市、社区、国家等的责任。这是完全没有问题的，我们可以继续保持。

但是我们还要处理的是自我责任。这个主题我可以搞一个长篇大论，但我不会在这里做这个，上一章我已经就个人责任做了一些阐述，在这里我只是想说这个主题有着不同的来源，比如说精神卫生学以及存在主义哲学。在这些专业领域中，人们就这些问题谈了几百年，当人们能够为自己承担责任的时候才能确保生活质量。事实上我们中的许多人，并不能真正地做到这一点。近几十年来才开始实行民主（即我们可以为自我负责），就像现如今发展的这样，我们可以很确定地说，在我们的人类历史上，许多国家都不曾有过这么多的民主——不管是经济危机时期，还是像现在这样富庶的时期。

渐渐地我们就会发现，这种自由也是有代价的，我们要越来越多地为自己负责任。我们必须每天都做出决定，我们必须每天要做出 20 多次的纯个人的决定——不仅仅是成年人，还包括孩子们。"你想吃什么吗？星期五可以去干这个吗？你自己是怎么想的啊？"

　　我总是喜欢用我的邻居来举例子，那半年我住在一个小的村子里。我的邻居大多和我年纪相仿，差不多 60 多岁。我们一年大约要在一起喝 4 次咖啡，每次都是老生常谈。他每次都会说："贾斯伯，这里的生活要比蒂托（意大利的一个城市）好太多。"我每次都会说："你怎么能这么说呢！"他回答说："是啊，今天我们必须要去考虑这么多的东西，以前我们什么都不用想。"是这样的。"如果你生活在一个专制（权威）的系统中，人们不必去思考，人们也不允许去思考！个人责任在政治上是不怎么受欢迎的。"

　　现在作为父母，我们必须每天都要决定，我们想要什么。我们可以到幼儿园里问一下，或者我们可以去询问 5 对父母，他们会做 5 种不同的事情——没有一致性和普遍性。是有一些倾向，但那还是不一样的。我们必须要自我选择。"作为男人和女人我们怎样在一起生活呢？谁应该在那个点上做出决定，或者我们必须要秉持怎样的一个统一的态度？我们想不想结婚？我们想要在一起生活吗？"在某些国家，女性会说："不，事实上我不想的。我想要一两个孩子，所以我在寻找一个精子捐献人，但是在一起生活？不要。"

　　对你的感觉和想法负责任具体指的是什么，指的是人们所说的或者是以什么方式去说的？它也涉及孩子对自己负责任。在我们的世界里，父母以双重标准的方式生活了几百年。他们这样说：“如果我和我孩子的关系好，那是我的功劳——如果不成功的话，那就是我孩子的责任。”今天人们渐渐不怎么能听到父母说这样的话了，但是在学校，人们还是会这样说。毫无疑问，如果效果不好的话，就是孩子的责任。而今，孩子不再受这种双重标准的限制，我们必须要弄清楚如何对自己负责任，怎样在没有歉疚的情况下去承担责任。

我们几乎不会遇到这样的父母——我应该这样说——他们几乎不会谈论他们的负罪感和内疚感：“我们做得足够好了吗？我们伤害到我们的孩子了吗？”我希望能够接纳他们的这种内疚感，但又很难做到。这真的是太糟糕了，因为很多父母本身做得非常好，不需要有这种自责的感觉。这个问题不仅仅发生在父母身上，在工厂、企业和政府也是这样——“我怎样才能在不伤害别人的情况下更好地引领他人？”这在本书中是一个很大的主题，它存在于父母每天的日常中，却暂时还没有答案。

第一个挑战出现在 20 世纪 70 年代：“我们怎样才能在无暴力的情况下去引领我们的孩子？”今天，年轻父母的问题可能是：“我们怎样才能在受威胁且没有奖励的情况下去引领我们的孩子？”我母亲会说：“这人人都会啊！”我的母亲已经 86 岁了，有点痴呆，她认为人人都会做父母。对于我的体验，母亲完全无法理解。

对父母和孩子来说，这其中也潜伏着巨大的矛盾。有时候父母问孩子：“你想要黑的还是白的？”一旦孩子说黑的，就一定会得到一个黑的。当我问父母他们为什么那么相信孩子想要的就是黑的，父母会说他们问过。有意思的是——我们和成年人说话的时候就不会这样。想象一下，我今晚打电话给我妻子并问她："复活节你想要怎么过？"我的妻子无论如何也会说上一大堆。然而我并没有说我真的想做些什么，只是问问而已！我们知道稍微改变一下谈话方式就会不一样：我问你你想要什么，然后我说出我想要的，之后我们开始讨论，然后我们就一起高高兴兴地去过复活节了。当然这里面也总是存在着风险，因为如果我们每次都认真对待我们的人格的完整性的话，那么我们之间关系的稳定性就会受到威胁了。

第 **11** 章
通过适应来成功：我们的集体错觉

我们似乎活在一种觉得自己心理健康都相对还好的错觉中，但是，就如我之前提到的那样，其实并非如此。由于我们生活方式导致的疾病在与日俱增，无独有偶，在一些地方那些领取"伤残福利"的青少年和"特需"儿童的数量也是有增无减。而在儿童和青少年精神病以及针对儿童压力症状的专科门诊中，儿童就诊的比例更是令人咋舌。与此同时，数目惊人的儿童性骚扰、家暴以及性侵也被曝光出来。

　　所有这些症状的出现促使一些帮助性的职业应运而生或壮大起来，但许多已经被证明疗效不佳。我们为帮助处于紧急状况下的儿童和青少年而采用的治疗性尝试，大约只有 5.25% 的成功率，当然这也和在哪个国家有关。如果人们只是认为，大多数帮助者和治疗师只是想要或是仅仅去针对症状进行工作，成功的百分比就很低。如果一个社区中 28% 的学龄儿童被认为有"心理治疗需要"，那就反映了这样一个事实，这种帮助性职业使用的是让孩子们不快乐的范式来帮助孩子们的，而且这种方式几乎不奏效。

　　然而我们试着去帮助成年人和孩子的方式之间存在着巨大的差异。心理治疗的时候有时候会用那种让患者觉得不舒服的方式，比如脱敏、精神分析之类的，这会让来访者不舒服，而不舒服的同时也会有所变化，心理学上叫扰动。现代的心理疗法（除了行为治疗取向的）还有身体相关的治疗都试着使成年人有可能去看到他们自己的故事、情绪价值观、边界、潜力以及他们是怎样做出决定的。为了使来访者缓解症状以及改善自尊，治疗师真的是尽力而为，这样一来成功也就成了家常便饭。

而现在这些治疗师试着去做的，恰恰都是帮助这些儿童去摆脱曾经为适应有缺陷的教育传统或家庭而出现的症状。治疗的成功是以特定症状的消除来衡量的。非专业人士是无法胜任这项工作的。你最近一次是什么时候看到一个治疗师和孩子并肩作战，去建议学校改善方法，以使得孩子们得以发展为一个强大且健康的人呢？可能你从来都没有见过这种情况，或者最多只有一两次？在欧洲，很多从事儿童青少年工作的专业人士的目的不是为了去改善他们来访者的生活质量，而是试着去使他们的雇主或是他们所服务的机构满意。这些专业人士大多数情况下是不这样认为的，但是这确实是他们实实在在在做的。如果他们像对待成年人一样对待他们的小来访者的话，那么他们所面临的要么是门庭冷落，要么就是失去自己的工作了。

也许现在是时候让这些专业人士好好看看他们的职业道德以及职业目标和方法了，要么去改变方向，或者至少向他们的来访者说出真相。因为当地政府和政治家迟早会发现他们花费了大量的资金却依然事倍功半。可悲的是，同样的资金条件下我们是能够提供更高质量的服务的。因此，我们唯一需要改变的就是我们的态度。

我见过有一些专业人士，他们都是很棒且很敬业的人。他们中的许多人都已经充分意识到这种问题，但是他们又陷入那种无视职业价值观的循环之中。因此，只有专业人士开始认真对待他们的知识、智慧和道德品质，开始接纳"从服从到责任"的新范式时，情况才会好转。虽然这样做需要很大的勇气，但是这最终会给专业人士带来更多的自豪感和满足感，同时也会减轻他们的紧张、担心和无助感。

什么是强大的小孩

正如我在开篇提到的那样，"小孩"这个词并不仅仅限于萌宝宝和可爱的小朋友，或者是让人大伤脑筋的青少年。它有时候也特指"内在小孩"，对我们来说它存在的核心意义，要么是赋予我们生活品质和意义，要么就是将我们变为受害者。一个强大的孩子是一个健康的孩子，具有健康的自我价值感和同理心，坚定的信心以及全面发展的心理社会能力——一个能感觉到爱的，自省的，可以自在地和其他人相处，并可以对自己、对他人的依赖和依恋进行觉察的人。

试着去多读几遍以上的文字，并仔细考虑一下，这是不是你希望你孩子、学生或是来访者成为的样子。

或者这并不是你真正想要的，或者你想要的是让他成为传统意义上的"赢家"？一个不管付出怎样的代价都要捷足先登，将所有人都远远甩在身后的人。也许你想要的是一个温和的、安静的、意料之中的且和背景环境和睦相处的人？或者你只是想要和谐和安静，放弃此时此刻，去期待一个最好的未来？

想一想，并认真思考一下，因为你是有力量去影响你孩子最初的 14 年，你学生的自信心，以及你的病人的自我形象的。不要把责任留给社会，因为严格来讲，社会是没有责任的。你我是这个社会的一部分——唯一可以承担责任的部分。

由于我们大多数人都受到了相当多的内疚和羞耻感的教育，所以我们很难改变，且不会觉得我们到目前为止做错了。我们不要与过去纠缠，而是要尽量向前看并避免指责。如果我们理解我们生来是没有羞耻和内疚的，是那些自我意识不怎么样的成年人把那些自我毁灭性的情绪强加给我们的，这就会有所帮助。你可能永远不会摆脱这些感受，但它们的存在并不是为了支配你的生活或引导你走向健康的方向。不要用你的服从来培养这些感受！如果你这样做，你也会把它传给你的孩子，他们会掌握这种力量的。

我想要再次强调一下：一个强大而健康的孩子首先是一个有着健康的自尊，能够允许自己施展能力和天赋的，自信满满的孩子。一个健康的自尊意味着对"我们是谁"有一个清醒的、差异性以及接纳性的感知。而且，健康的自尊是我们目前所知的最有效的心理社会免疫系统。它可以保护我们的孩子使他们远离毒品，远离自杀以及自杀企图，远离进食障碍和犯罪暴力之类我们永远都不希望孩子涉足的相关事情。它让孩子或是年轻人能够表达是或不——对自己，以及他们的个人边界、价值观思想和感受说是，对那些要求我们听话或是俯首称臣的人说不。

然而我们是不是也想要这样？我们可能会希望年轻的成年人可以这样，因为这可以保护他们和我们免受伤害，但是我们是否也希望我们的孩子在任何时候也可以这样呢？"当然不"——

父母和老师们的行为和态度已经是不言自明。这是令人惋惜的，因为在儿童时期停滞的自尊需要在接下来的人生中付出大量的努力来维持，这反过来会带来极大的痛苦并且会有种割裂感。

　　因为在过去的 20 年中他们遇到了许多"以自我为中心的"孩子，所以不确定的不仅仅是老师，还有父母。孩子们没有健康的自尊但是却有一个膨胀的、强势的自我——这是由于溺爱、言过其实的赞扬以及一个纵容这种行为的社会造成的。一个被重视、被爱的孩子，不会忽视他人，也不会自卑或是自负。

对自己说是

　　在家庭或是学校里，成年人应该怎样去支持孩子发展出健康的自尊？在这个问题上是有许多可能性的。我的很多书中都有提到这一点。在这点上，我想要去关注一下那些对孩子的合作、适应的能力持着一种不信任态度的成年人。这种信任的缺乏是很容易追本溯源的：在 20 世纪，它们应运而生并发展壮大。因为如果允许孩子去发展他们的自尊心的话，那么他们长大之后就不会再去屈尊于夺走他们尊严的规则或是公司了。为了实现控制，就必须要将个体化和反抗的迹象从他们的行为以及脑子里去除掉。

　　今天我们都知道，孩子们自身对合作有着惊人的需求，这也呈现出了一个非常复杂的现象。让我在此举一个简单的例子：丹麦有两个成年人决定领养一个来自中国的孩子。然后他们就领养了一个 2 岁左右的小女孩。当这个小女孩刚刚到丹麦的时候，言行举止就是一个地地道道的中国人。但是过了两三年以后，这个女孩就可以流利地使用丹麦语进行交流了。这是一个关于适应的典型的例子。

　　第二次世界大战之后，个体的自尊和价值开始被提上议程。因此我们只有半个世纪的时间来发展它，而信任的缺乏以及强制服从的概念却已经存在了几个世纪。你可能想要知道一味地服从有什么问题？答案是从两方面来看的，因为适应的能力和服从对我们每个人而言都是必要和有益的。它有助于发展出自律和献身精神。从另一方面来说，服从让人们作为个体来发展变得困难甚至成为一件不可能完成的任务。生活和生存质量的前提是我们能够自由决定我们什么时候想要去服从某人或某机构，以及在什么情况下必须要去保护我们的人格完整性并去承担责任。这种选择的能力可以帮助人们远离压力。

要求儿童和青少年从原则上服从的话会妨碍他们发展出健康的自尊，这会使他们受伤或出现问题。这也适用于很多父母对孩子缺乏信任的教养方式及方法。停下来吧，停止继续将引领等同于服从来呼吁，停止通过教育或是治疗的措施来迫使我们的孩子们服从。父母与孩子最好的相处形式就是置身于一种持续的对话中，彼此可以更好地了解，孩子们也能够从中自由地借鉴父母的经验和智慧。问题的关键在于我们是否要保护我们的孩子们免于受到伤害，以及是否有足够的勇气去面对伤害。

父母问贾斯伯

主题：我可以问我的孩子他想要什么，然后我再做出其他的决定吗？

母亲：就你刚才举的例子而言，我有一个问题，当我问孩子他想要黑的或是白的时，孩子说："黑的"，你说我不需要一定要去满足他的愿望。现在我就在考虑，比如说当我问我小儿子："你想要骑自行车到森林呢，还是走路？"他就对我说："我想要骑自行车。"然后我就说："哦，不，我觉得我们最好还是走路。"

贾斯伯：是的，但我必须要就此说些什么，因为"我觉得我们最好还是走路"是一种纯粹的操纵。但这还不是问题的重点。在你所描述的这种情况下，有一个非常现实的选择：这里有两种可能。而且我觉得如果父母给出既定的可能性并且说："我给你这个选择，你想要什么？"是完全没有问题的。但是对于稍大一些的孩子们来说，在有一些情况下我们必须要这么说："好的，我现在理解你想要什么了。但是我必须要告诉你，我不能和你一起做这个事情。这个对我来说太难了。"或者说："这超过了我的极限和边界，或者我所知道的范围。"

我想说的是，作为家庭中的一个基本的原则——不论是成年人还是儿童，总是应该有机会去说出他们想要的或是想做的。当然，说出来并不代表人们所有的愿望都必须要被满足。因此我觉得重要的是，作为家长不要觉得只是因为自己提出了一个可能性，就失去了说不的权利。

这是非常困难的。我在这里所说的某个时代的父母，当他们问他们孩子话的时候，非常具有象征意义。"你想要什么，你对什么有兴趣？"这对父母来说和自由有关，和民主有关，更与爱有关。所以它不仅仅意味着选择黑的或是白的，更可能是一种智慧的态度。但是通常也会使父母变得谨小慎微或是害怕说不或是去限制那些可能性。

我最喜欢的故事是关于一个 2 岁女孩的，她有着非常认真负责、又很聪明的父母。这对父母来找我，父亲说："我不知道该如何去描述我们的问题，但是也许我可以问你一个问题，就是你觉得我家有多少种早餐相关的产品？"我说："15 种。"他回答说："不对，36 种。"然后我问："为什么会问这个问题呢？这应该没必要成为一个问题吧。"然后母亲就说："好，我可以来解释一下，今天早上发生的事情已经是司空见惯了。我们成年人坐在一起，我们聊天并尽情享受着我们的咖啡，然后我们的女儿就过来了，她那样立在门口，我们就说道：'亲爱的，你睡得好吗？'然后我问女儿今天早上想吃什么？女儿说她想要喝酸奶。我就想，我们是有酸奶的。于是她走到冰箱前，恰好还有一瓶草莓酸奶。'嗯，我们有草莓酸奶，你喜欢草莓的是吧？'这个小家伙却说：'我想要野生浆果的。'我做了几次尝试，想要女儿去吃这个草莓酸奶，但是没有用。于是我就开始瞅她的父亲，父亲当然知道这意味着什么。这意味着他必须要穿好衣服开车到加油站去看看，那里是不是有野生浆果酸奶。"

人们当然可以觉得这对父母挺好笑的，也可能会说："这没什么难的吧。"但是你不明白对于这对父母来说有多么严重。当他们问女儿"你想要什么？"的时候也是在说"我爱你。"当他们对自己的女儿说："我不能给你所有你想要的。"也就是在说"我不再爱你了。"这当然很严重。这不仅仅是有没有野生浆果酸奶的问题了。

我想要父母乐于去给孩子自由，对他们充满兴趣地问："你想要什么？"我的孙子曾经喝过一次可乐，上周吃饭的时候我就问他："你想要喝什么？"他说："可乐。"我说："我没有可乐啊！"他说："我只想要可乐。"然后我就说："我听见了，但是我真的没有可乐。"然后他停了一会儿，和我说："好吧，水。"

为什么孩子需要引领？他们需要引领是因为他们有能力，但是没有经验。所以他们需要成年人的经验。这种经验具有操纵性？是的，一定是这样的。所幸的是在童年的时候我们可以调整这一点。我们所谈论的是我们的需求和愿望是什么，我们想要什么，需要什么，但是事实却是我们不知道我们需要什么。很多时候，当我们得到所需要的东西时就不喜欢了。我想每个人都有过这样的感觉，当我们回首往事时，我们会发现真正丰富了我们生活的竟然是那些我们意料之外的结果和关系。

我相信对孩子来说去了解什么是重要的是很关键的事情：作为人类你需要知道人们需要什么以及想要什么，而不需要去了解人们对什么感兴趣。欲望是可以的，但是除此之外，当人们问他们的孩子："你想要什么？"他们会说："我有兴趣……"然后我们就说："好的，现在我们知道你对什么感兴趣了，现在让我再问一遍，你想要什么？"然后他们慢慢会了解这其中的区别。如果你在生命的前 7~9 年中没有学到这种差异的话，那么以后你在学校或是其他培训中就会觉得非常困难。因为我们必须要制定目标，为了实现我们的目标或是我们的梦想，我们必须要做一些我们不那么感兴趣的事情——我们只是必须要做而已。

对我来说关键在于——当我问我孩子问题的时候，我也是有自己的一个立场——这是非常复杂的。

第 **12** 章
领头狼的陷阱

接下来我将概述一些我通常不怎么提倡的教养方式，因为它们会对父母、孩子乃至整个家庭产生长远的影响，它们与健康的引领方式背道而驰。我不会提及在过去的 20 多年里被发明的那些"方法"，有两个原因：一是我坚信我们不应该通过任何方法去和我们爱的人建立关系。二是方法是一种去人性化的人际关系，通常会对亲子关系产生深深的负面影响。比如像依恋性育儿（又称依恋取向育儿）这类广受欢迎的方法使用起来大都是弊大于利。它们专注于一些重要的现象而完全忽略了父母和孩子的个性。关于方法的使用方面我想说两点重要的事情：一是在心理治疗界有一句老话："如果你有一把锤子，你就会觉得几乎所有的问题看起来都像钉子。"二是心理治疗、教育或是父母养育相关的所有方法的结果，20% 在于方法，80% 在于使用这种方法的人。

因此，尽可能多地了解你自己和你的孩子，不要担心。对孩子而言，如果你需要用 15 年来做这件事的话也没有关系，只要他能够感受到你真诚的态度就够了。

有许多证据证明，在亲密的人际关系中真诚成为一个关键词，而且真诚和引领之间有着密不可分的关系。在这一点上需要多做一些解释，但至关重要的是，这种发展引入了一种全新的思维模式——可以说是一种全新的价值观，尽管在音乐、戏剧、电影以及相关的领域中，真诚一直占据了一种重要的位置。在这种情况下，简单来说真诚意味着，通过你的言行举止来告诉人们你是谁——而不是去扮演其他人所期待的或者是要求的角色。即便如此，我们也可以用知识和概念创造性地去解决问题，并希望一切都变回原来的样子。

带着这样的视角去观察在过去的 20 多年里养育的演变是非常有趣的。最重要的是，来自中产阶级和中上阶层的受过教育的父母开始重新发挥作用。从理论上讲，他们能够选择去克服他们的不安全感，勇于迈向真正领导力的第一步，他们勇往直前并找到一个坚实的立足点。现在他们中的大多数都在扮演父母的角色。这种倾向会导致孩子们的需求得不到满足。今天的孩子们比上一代有更多的自由去获得他们真正想要的东西，而他们也无所畏惧。成年人越是尝试去扮演一个完美的角色，孩子们就会越绝望，他们就会更努力去寻找舞台背后真正的父母究竟是谁。成年人将这称为"边界的试探"，这种描述和 50 多年前的一样令人困惑。不同的是，曾经的父母是公开行使权力，无论多严厉或是残酷都不会有什么问题。令今天的家长大吃一惊的是，他们一直在努力变得友善和通情达理，他们完全不能理解的是他们的孩子已经受够了这种表演，父母所说的已经成了耳旁风。现实中他们当真会这么做。尽管这种表演背后有着一个美丽且充满爱的意图，即能够根据孩子的需求提供温暖和亲近，以使孩子们能够茁壮成长，同时又使得孩子们能够从父母那里获得领导力。

这种彼此的挫败感可能会刺激家长成为一个优秀的运动员，使父母变得更加的真实和有生命力，从而成为一个更加友好的陪伴者和一个更有能力的引领者。领头狼，在家庭中努力营造一种社交友好的情绪：这是一种高大上的任务——用真诚来代替单纯的友好。

现在我想谈一下使得今天家庭的共同生活变得困难、在爱的引领之路上需要跳过的 5 个陷阱。

新浪漫主义的风格：和谐高于一切

秉持新浪漫主义风格的父母出于大量良好且合理的理由来这样做：

- ○ 他们希望自己的孩子感到受到重视和被爱。
- ○ 他们希望尽可能多地关注孩子。
- ○ 他们相信和谐是爱的终极表达，因此倾向于避免和拒绝冲突。
- ○ 他们想让这个世界变得更美好。

但是这种行为也存在大量潜在的问题：他们的行为往往非常好，在感受层面却是蜻蜓点水。这让他们的孩子感到沮丧，因为他们没有学会应该如何处理他们的所有感受。最后，这也让父母感到沮丧，因为他们同样也无法处理自己的感受。

○ 感受通常分为积极的和消极的，这通常会引发父母的自我批评。对孩子来说令他们困惑的是：藏在精湛演技背后的父母究竟是谁。

○ 如果只允许一定范围的情绪，那么每个参与者都很难发展出一个健康的自尊感，对孩子来说也很难学会同理心。

○ 在家庭中始终处于关注中心的孩子经常会感到孤独。同时也会滋生出挫败感，因为他们不知道自己是应该去相信他们自己的孤独，还是父母脸上洋溢的或是话语中所传递出的爱。

孩子在三四岁的时候就开始出现一些"问题行为"，或以其他的方式让父母觉得不舒服，因此这些父母受到启发，或是被迫开发出了更多、更复杂的教育方式。

冰壶育儿：为小王子和公主肃清障碍

这个诙谐名字的灵感来自于冰球运动，它类似于滚球游戏，但是在冰上玩，用大而重的石头代替铁球。为了使石头保持所期待的速度和方向，两个队员一起带球跑，擦掉任何可能在前往终点的途中降低速度或影响其方向的障碍物。在这个比喻中，孩子是石头，父母为他肃清道路。

我们可以把冰壶父母分为三组，每个组都由不同的信仰或是经验驱动着。一个组是真的相信美好值得期待且是有可能的，将自己的家庭变成一片和谐且充满正能量的云，从而给孩子提供一个完美的起跑线。第二个组里父母的动机在于，他们成长于一个充斥着家庭暴力、长期的斥责以及未被解决的冲突的家庭中，他们只是不想让他们自己的家庭变成那样。他们希望自己的孩子感受到被爱和被呵护，而不是恐惧、痛苦和孤独。第三组和第二组有些类似，因为这组父母大部分都成长于令人沮丧且了无生趣的家庭氛围中，而这种氛围源于那种暗潮汹涌且无法言说的冲突。

所有这些父母都有一个共同点，那就是在他们所成长的家庭中，他们无法学会使用有意义和建设性的方式处理人际冲突。

因此，他们选择避免冲突而不是制造冲突。

他们竭尽全力避免冲突、悲伤、痛苦、挫折和攻击性。

○ 他们认为与孩子发生冲突就意味着他们是不够好的父母。

○ 他们把孩子放在他们关注的中心。他们认为自己必须做
到对他们的孩子"感同身受"，并且必须要给予孩子想
要的一切。

○ 为了能够做到这一切，他们必须全身心地为子女付出，
即使去牺牲他们自己的需求、愿望和边界。

冰壶父母的行为也会导致很多问题：

他们就这样持续不断地为他们的孩子付出，并忽略自己的需
求，丧失了生而为人的存在感。这样一来，他们不仅仅是在放弃
自己的生活，而且也在剥夺孩子了解他人的需要——他们的反应、
需要、价值观和边界。

当女儿在 2 岁到 2 岁半的时候，她会表现得像个公主——毕
竟，她一直像公主一样被对待。她对被关注的需求令人咂舌，对
其他的孩子和成年人缺乏同理心。在获得真正的亲密感的尝试
中，当被人拒绝时，她就会变成一个暴君，得不到自己想要的
绝不罢休。

然后某一天她的父母精力耗尽，父母会遭受更强烈的痛苦，
因为他们要面对一个残酷的事实：他们穷极一生，想要给孩子一
个"完美的"童年的努力终究会以失败告终。

　　这些孩子的行为——无论在家里家外——都会变得让人难以忍受且令人讨厌。家庭里的每一个人都倾向于使用"设置边界"作为一种首选的方式，这是可以理解的，但这对孩子来说是一种伤害，同时也会让他感到屈辱。而且，我也一再强调，无论如何都不要把"设置边界"和引领混淆。父母要做的是去重新思考他们作为父母的角色并停止做梦！因为这样养育孩子的人都会接到一个最响亮且最惨烈的叫醒服务，这是说给家长们听的，这也是把真实的自己从隐藏的面具底下揪出来的最后的动力。

零阻力的方法

采用零阻力这种教养方式的父母来自于社会的各个阶层。这些父母不会花时间去思考应该如何教育他们的孩子，或者他们根本就不会安静地去思考这些事情。就生活而言，他们可能也会感到成功或是失败，但他们倾向于拷贝他们的父母并拥有和他们一样的目标。

○ 大多数情况下，他们会或多或少地去满足他们孩子的愿望和欲望。他们也会试着说不，然后他们就会发现，他们也能够很好地去避免冲突。

○ 在这个意义上他们是自相矛盾的，他们的行为没有受到具体的价值观的指导。

○ 他们完全为生活所累，无论经历的是富贵还是贫穷。

零阻力的方法可能导致以下问题：

○ 孩子们感到沮丧：一方面，他们得到了他们想要的一切，另一方面，他们只得到了他们最低限度的需要。通常情况下，他们的自尊心很差，会有一个极度膨胀的自我。

○ 孩子们有个人责任问题，他们要么发育很晚，要么成熟过早。

○ 作为青少年，他们经常会发展出自我毁灭的行为。

全面监控

在美国，"直升机妈妈"（或"切割机妈妈"）是那种长期冷酷监视他们的孩子以及不断地控制他们周遭的环境，包括与他人的关系的妈妈的绰号。与此同时，这种风格已经蔓延到了欧洲。在公共的游乐场所，你可以看到孩子们没有在和其他孩子们玩耍——相反，所有的游戏都是母亲或保姆在陪他们玩。

- 这些母亲（以及参与这种风格的父亲）最好的意图是保护孩子免受任何可能的伤害或是有可能让他们伤心和不快乐的事情。

- 他们很认真地呵护着自己的孩子，他们更喜欢孩子和那些家庭背景以及社会道德水准与自己家庭相当的孩子们一起玩。

- 他们中的很多人会考虑到很多可能的危险，会竭尽全力确保自己的孩子们永远都不会接触到那些危险。

可能的问题是：

○ 孩子们必须要去照顾父母的焦虑和控制的需要。因此
他们无法获得所需的生活技能和社交技能。孩子们发
展出我们所说的"习得性无助"，他们很难成长并变
得独立。

○ 叛逆的孩子会被带到家庭的儿童医生那里去。他们诊
断时通常不会去质疑父母的养育方式，而是通过药物
来使得孩子变得顺从。

○ 在这些家庭中，在父母责任的幌子下，"关心"和"爱"
被忽视，而这经典的"双重束缚"往往会给孩子们带
来严重的精神和生理问题。

　　"直升机妈妈"都有一个无懈可击的不被指责的理由。世界，
尤其是大城市的生活变得越来越危险，这给家长带来了一个重要
的决定：我是否要试着保护我的孩子们免受这个世界上所有的苦
难和黑暗，还是干脆去教会他们面对现实？毫无疑问，第二种选
择对孩子的生活质量来说是更明智的选择——无论是在童年期还
是成年期——即使第一种可能是父母短期的需求，还有一个尽量
使自己永远都不受到责备的愿望。

　　这种考虑对所有的父母来说都很重要，因为从统计数据来
看，我们作为父母所说和所做的事情中只有大约 30% 是为了我
们的孩子。剩下的 70% 为的是别人对我们的印象以及我们的自

我形象。这本身没有什么问题，但是如果我们压根都没有意识到这种基本的差异性，或者我们的孩子没有做出"我们给了他们一切"那样"金标准"一样的反应的话，这就看起来像是一个赌博了。你有注意到吗？在所有的文化里，孩子在65%的时间里都是不听话的。这种情况下，孩子们要么在考验你的信任和智慧，要么干脆就是孩子比你们了解得更多。如果他们信任你们，就会经常让你们参与；如果不信任的话就会背着你去做一些事情。要记得时不时地去感谢一下你的孩子们！这也可能会导致这样的情况，你的儿子或是女儿伤害到的是你的形象或是自我，但是你要将这视为他们送给你们的礼物，不然的话，他们就没有办法毫发无伤地保持他们的完整性——而作为家长的你们也就没有办法学到你必须要了解的那些东西了。

作为项目的儿童

有不少父母对孩子的生活和未来抱有相对强烈且僵化的信念，而且还在贯彻中将其强化。这种行为不应该与专业的引领混淆，因为自主的领导力反映在和孩子的互动以及问题中。"你打算要什么，我打算要什么，我们怎样合作共赢？"有时候这种父母"仅仅"希望自己的孩子快乐；有时候又想要他们成为闻名世界的音乐家、运动员、物理学家、律师、模特，等等。

○ 通常他们会将大量的时间和精力都投入到这个项目中，他们和孩子们一起度过大量的时光，并控制着他们生活的方方面面。

○ 很多人会试着让孩子实现自己未曾实现的梦想。

○ 他们会满脑子想着未来，不太关注此时此刻。

将你的孩子变成一个项目通常会导致以下的问题：

○ 父母去决定孩子的身份认同，当孩子合作或是适应的话，在他们生命中的某一个特定的阶段将会经历一个严重的危机。

○ 这场危机可能会导致父母和孩子的关系完全被切断。

○ 作为他人的一个项目会将孩子缩小为一个客体，从而会使得父母与孩子之间的关系不容乐观。（关系出现问题）

大多数家长都望子成龙、望女成凤，这本身没什么问题。但是当父母去跨越"梦想"和"项目"之间的狭小山脊的话，问题就出现了。大多数孩子——尤其是第一胎或者是独生子女——可能会乐于参与到父母的这个项目中来，因为他们享受那种紧张的练习、竞争和出类拔萃的感觉。对于父母这就意味着，可以带着美好的愿望去继续完成父母的使命或者去发现自己的真实动机。可惜的是父母无法得到孩子积极和肯定的反馈，因为这只是一种合作。只有当孩子拒绝和父母一起合作的时候，父母才能去信任孩子的坦诚。

一个强大的孩子是一个健康的孩子，具有健康的自我价值感和同理心，坚定的信心以及全面发展的心理社会能力—— 一个能感觉到爱的，自省的，可以自在地和其他人相处，并可以对自己、对他人的依赖和依恋进行觉察的人。

第 **13** 章

启明灯：青少年
时期和作为成年人的孩子

在过去的 30 多年中，家庭生活中最深刻的变化之一就是，如今的父母和他们 10 多岁的孩子之间的谈话比以往的任何时候都更加的理性和言之有物。在我作为家庭治疗师时遇到的大多数的家庭中，青少年都可以自由地发表言论并且同时会看着父母的眼睛。而 20 年前的时候，当青少年被问到或被质问一些事情的时候就只会盯着地毯，不知所措地说"我不知道"。相比而言，这是一个戏剧性的变化。从心理健康和家庭的整体幸福来看，这是一个很明显的改善。而这些，只有细心、体贴以及非暴力的父母才做得到。

　　由于有许多关于青春期的传言，来自专家的许多警告以及许多层出不穷的危险，会使得一些父母变得恐慌或是开始启用高压式育儿——希望孩子达到完美。这是一个原因。另一个原因是，他们希望自己的孩子成为他们的伙伴以及承担责任的人。因此，他们试图将自己聪明人的角色保持得更长一些，但也只有几年。当这种情况发生时，传说就会变成现实，家庭就会经历斗争，破坏规则和协议，出现叛逆以及疏远之类的有风险的行为。

　　这种现象出现的主要原因是，儿童在青春期之前依赖父母，将其作为领头狼，这是因为父母生活经验丰富并能够为他们提供生活指导——无论发生什么，父母都会冲锋在前。如前所述，孩子们需要父母通观全局的能力，需要他们的经验以及对可能的后果进行思考的能力，这些都是他们梦寐以求的品质。他们需要父母基于"亲爱的女儿，这是对你来说最好的"层面来做出决定。但是自从孩子发生戏剧性的生理变化——即到了青春期时，情况就完全不同了。孩子们开始有了自己的价值观，并开始质疑父母的价值观，这通常要贯穿生命中的好几年。这可以是一个安静的、内在的过程，或者以一种真正的危机呈现出来——不管是什么，现在对于父母来说，是时候意识到他们也许知道孩子昨天是什么样子的，但是却不知道孩子的今天或明天是怎样的状况了。这个事实导致了诸如"我还不了解你？我知道什么对你来说是好的"的口头禅，这种说法对青春期的孩子来说是难以想象且挑衅的。

在青春期，孩子需要父母做两件事情：信任以及更多的信任，然后找到一个新的角色。对孩子来讲非常重要的事（对父母来说也是如此）就是父母要退出他们生活的前线，只是作为一个紧急情况下的安全网。父母不应该去减少自己的情感表达以及兴趣，但是要学会保持一定的距离，保持低调和礼貌，尊重孩子的隐私，他们也会以同样的方式对待父母。父母的任务和兴趣还是照顾孩子、自己以及顾及亲子关系——现在只是以一种不同的方式方法，即随着时间的推移慢慢地去发展出一种成年人之间真正的友谊。

一个建设性的和具有说服力的说法是去扮演一个"陪练"的角色。这个词来自于拳击运动，每一个杰出的冠军都有一个以特定的方式帮助他们赢得比赛的陪练。陪练的任务就是给运动员带来最大的阻力以及最小的伤害，这也是父母引领的形式。父母的阻力来自于自己的价值观、经验和视角以及智慧，当孩子向父母征求意见或是取得许可，或是做一些与父母意见相左的事情的时候，父母需要去回应他们。但是父母要注意的是，这种方式方法是要给孩子一个自我决定以及选择自己道路的足够的空间。你想想看，成长的目的是成熟以及成为一个真正和独立的人，而不仅仅是克隆。这样一来，你就不会阻碍这个过程，你也可以肯定孩子有把你当回事——尽管有的青少年通常不会公开承认这一点。

有些青少年会有一段时间十分地让人头痛。如果你把这看作是个人问题的话，那么你应该去寻求神经科学的建议——据报道，70% 的青少年的大脑在青春期的时候都会发生变化。换句话说，尽量不把这个看作是个人问题，或者也不要把这个当成是失败的证据。因为这时，成长发育中的生理变化取代文化和权力占上风。当你的孩子 30 多岁为人父母的时候，你会得到最终的反馈。无论你看到的是什么，对于改变你的孩子来说都已经为时已晚，但是改变自己永远都不会太晚。

你现在可以自由地享受你的生活了，你可以去关注那曾被你忽略的兴趣以及伴侣关系。主动引领的时间已经过去了——运气好的话你还可以偶尔扮演一下顾问的角色，当然是在被邀请的情况下。如果你的年龄没有超过 30 岁的话，请保持冷静并原谅自己。

如果你能够承认所犯的错误，而不是一味地回避，不停地内疚的话，你可以活出自我，拥有精彩的人生。未来你也将会成为孩子很好的榜样。而作为父母，我们今天想要达到的目标，可能会要求更高也更具有挑战性——我们的孩子在成长的过程中可以爱自己。

童年之后

在孩子离开家之后，很多家庭治疗师对亲子关系的兴趣通常马上就消失殆尽了，这通常令人费解。我们都知道，教养的质量和父母引领的质量不仅仅在孩子的头 18 年中，它们对孩子及其父母的幸福至关重要——它们在接下来的几十年中也发挥着重要的作用。

在这里我谈论的不是在家庭里孩子们的伤疤以及自我毁灭的行为。这些问题众所周知并经常被拿出来讨论。我感兴趣的是50% 以上的、由于父母和成年子女的关系而受到干扰，从而影响着所有成员生活质量的家庭。

在欧洲，当谈到大家庭的时候，已经遇到了巨大的文化差异，包括价值观和仪式方面。如今，在西欧北欧是"我——家庭"，往往强调的是个人的幸福；在南欧和东欧就是"我们——家庭"，重点在于整个家庭在一起并保持满意的状态。此外我们还有数百万的移民，他们都需要去面对这样一个事实：他们的年轻人需要更多的个人自由。除了文化方面，所有的这些家庭类型都经历了相同的、基本的冲突：适应与人格完整。这种冲突都是所有家庭永恒的主题，无论是和平和谐的年代还是战争年代。对所有家庭成员以及整个家庭的和谐来说，最重要的是允许这种家庭内部的冲突呈现出来。

作为小孩子的父母，你会有机会将我前面几个章节所详细描述的一些方面整合到你的引领中，从而避免不幸和疏离。你的个人权威不仅会让你的孩子感到安全并尊重你，还会帮助你的儿子和女儿更好地发展出他们的需求、愿望和边界。这样一来，他们就会变得足够强大，在必要的时候走出一条属于自己的路。每一个家庭成员都有为你的孩子在青春期和成年期铺好道路的个人责任，使他们变得更有责任感而不是更顺从。父母引领的这两个结果会让你的亲子关系变得很亲密，无论你们多久见一次。

你们两代人都可以从中学到很多新东西。多代际家庭，多元文化家庭以及多元宗教家庭的未来从来都不是确定的，而是完全开放的——这种家庭关系需要我们所有人都加入进来，并且添砖加瓦。

第**14**章

当狼群混乱的时候要做些什么

怎样进行共情性的引领？何时开始——今天，明天还是后天？当孩子几个月大的时候，当他们进入学龄期的时候，还是等到他们青春期不期而至的时候？作为妈妈、爸爸、奶奶，或者家庭的其他成员，我们应该怎么做？当然，就像前面那些章节所写的那样，积极向独裁还有反独裁的领导风格告别，那么，然后呢？没有领导风格也是不行的。在本书大获成功之后，"明镜在线"的读者们发来了许多迫在眉睫的教养方面的问题。"你有需要贾斯伯·尤尔帮你解决的教养问题吗？我们将编辑们的问题以及从众多的读者来信中选出的8个问题和贾斯伯·尤尔的答案汇集在一起，来使大家对许多牵动父母以及教育工作者心弦的引领方面的议题进行思考。

对于孩子们之间的战争，我应该置之不理吗

奶奶：73 岁的我在照顾我的孙子们（一个 11 岁的女孩和一个 9 岁的男孩）。他们经常吵架。这种争执和拌嘴定期会以武力的方式落下帷幕。特别是这个小一点的，总是喜欢手脚并用来反击。我要试着去劝解吗？还是我去拉架？这真的很难，因为那时他们都在气头上。我宁愿让自己置身事外，但是这让他们尤其是我的小孙女对我很是不满。总是找不到一个令人满意的解决方案。你有什么建议吗？

贾斯伯：在孙子、孙女吵架的时候置身事外不是一个好主意。显而易见，这两个孩子生活的家庭没有教会他们如何建设性地去解决冲突。如果我说得对的话，我建议你在家庭中引入一种全新的谈话文化。

和他们两个人一起坐下来吃蛋糕，然后和他们这样说："你们两个人吵架太多了，已经超过了我可以忍受的范围。我想找到其他的什么方法来解决你们之间的冲突。我不知道我的想法是不是真的很好，但是我在考虑我从现在起要做的事情：当我觉得你们吵得太凶的时候，我就会请你们中断争吵。我会问你们为什么

会吵成这样。然后我们就可以一起去寻找更和平的解决方案了。"

几个星期以后，争吵就没有那么严重了，你们都会觉得好一些。重点在于不要带着愤怒和指责去干预，因为这只会让所有人觉得更加的紧张和无助——最后会导致更多的冲突。作为祖母，你肯定有很多的智慧和经验可以使用。

我的女儿偷东西——我该怎么办

母亲：我有两个孩子（9 岁和 4 岁），我做兼职（每周 25 小时）。我的丈夫在法国工作，只有周末在家。我的女儿（她 9 岁）是一个特别可爱、心地善良、高度敏感的女孩。我们之间的关系非常亲密。我有给她零用钱，她可以用那些钱做她自己想做的事情。总之，她收到了很多很多的礼物。她在学校表现很好，很快乐，也有很多好朋友。她和她的弟弟相处得也很好。

最近她把邻居的手机拿回家，并和我说邻居的女儿把手机送给她当礼物。但是我后来发现事情并非如此。她还私自拿了我们 20 欧元。当我随后找到钱的时候（我知道钱在她的钱包里），她就说她也找到了。然后她还从钱柜里拿钱，她说是在街上找到的，是一个愿望的实现（那时刚过完圣诞节不久）。

我现在想问的是，她是不是缺什么（我指的不是物质上的，而是从我们父母这来说）？你的文章中提及，当你孩子撒谎的时候，是因为她们知道父母是没有办法接受和处理真相的。我该怎么办呢？或者我需要担心吗？

贾斯伯：你肯定知道，很多孩子都会经历这样的一个阶段，在这个时期他们会带走或是偷一些东西。因此你没有必要惊慌失措，但是就如你自己所说的那样，重要的是要认真对待这种行为，保持好奇心和兴趣，并试着去理解发生了什么。你女儿现在有偷窃行为的事实是一个很好的信号，因为她表达了对不公正的觉察。

但是问题还是存在的：为什么这么一个聪明稳重的小女孩会反复做一些她明知道不对的事情？如果我是你的话我会和她坐下来，以这样的方式和她说："我们都知道，你拿了一些不属于你的东西，我们都知道这是不对的，因为其他人受到了伤害，这让他们很伤心，也很愤怒。我一直在想你为什么要这样做，但是我还是百思不得其解。我脑海里出现的第一个念头是，家里是不是有些什么让你感到不快乐？为了找到那究竟是什么，我需要你的帮助。你要帮我吗？"

我相信她会同意的，即使这对她来说是一个非常不舒服的情景。试想一下，她说："没有，没什么的。"然后你的回答可能是："真的吗，我很难想象我们的家庭是完美的。但也许对你来说就是这样的？"或者你问她："当你从别人那里拿走一些东西的时候，你脑子里是怎么想的？"她的回答很可能是"没有"或者是"我不知道。"

重点在于，你并没有对她的行为做出心理学的解释。但是你开放和充满兴趣的提问可能会引发一些思考。如果你过几天再和她做一次这样的谈话的话，你的女儿（或你）就可能就会有答案了。或者她就一下子停止偷窃了。如果她停止了——我认为这个可能性很大——那么我们就不能武断地认为她没有从你们那里得到足够的关注。

但是当孩子发展出与他们的性格不相匹配的行为的时候，他们总是需要我们的关注和兴趣，就好像我们需要他们的帮助去理解他们和我们自己一样。

祝你好运！

孩子可以和父母睡在一起吗

母亲：我的儿子现在 14 个月，他和我们一起睡，他只有在吮吸着我的手指的时候才能入睡。他并不吸奶嘴或是自己的指头。实际上我觉得这并不严重，他不会永远都这么做的。我周围的人却不这么认为，他们觉得特别严重，认为我们必须马上去纠正他。

还有一点是：我们儿子不会一整个晚上睡在自己的床上。他大部分时间都会中途醒来，然后我们会把他抱到我们床上，然后他一觉睡到天亮。我们晚上再试着把他抱回去的时候，总会弄醒他。因为我们也想好好睡一觉，就让他这样在我们床上睡了，然后我们都能度过一个安静的夜晚。从我们父母的角度来看，我们就让他这么睡在我们床上也是不怎么对的。在这点上我们做错了吗？

贾斯伯：所有家长的第一课：当其他人告诉你你做错了什么的时候，不要都听——永远不要。这也适用于你在书中阅读的所有内容和我的所有答案。如果你对自己正在做的事情感到满意，你和你的伴侣之间也没有因此发生破坏性的冲突，那就放心地继续吧。

为什么 7 岁的孩子还在尿裤子

外祖母：我 7 岁的外孙还在尿裤子，尽管有"大"有"小"。这通常发生在他聚精会神做某事的时候，例如拼乐高的时候。他是一个快乐、聪明、善于交际的孩子。为了帮助他，儿科医生和物理治疗师能做的都做了，但至今这个问题还是没有丝毫改善。而且看起来他自己好像都没有一点想要改变的意愿。

与此同时，这个问题已经成为一个"我行我素"的问题：他的母亲（我的女儿）现在和他的关系很紧张，他也开始被朋友们孤立（他们都嘲笑他）。如果您能够就这有限的信息给我指点一下方向的话，我将不胜感激。

贾斯伯：我希望你能把我的答案也拿给你女儿看。情况是这样的：你们的儿子 / 外孙尿湿裤子，作为母亲和外祖母总是要一遍遍地给他洗裤子。他失去了朋友，而且年龄越大，他从周围环境中得到的负面反馈就越多。

我的建议是你要平静友好地去和他讲这件事情。然后告诉他："你现在已经足够大了，你再把裤子弄脏的话你要自己去浴室把身上洗干净，然后把干净的衣服换好。所以你从现在起就要开始这样做了。我可以想象，这对你来说，听起来挺难接受的，我和你这么说也觉得不舒服。我也试着去照顾你，让你不再尿裤子，但是都没有成功，现在你要对你自己的身体负责了。如果你需要我的帮助的话请告诉我。"

多年来，许多家庭都有尝试过这种方法，效果都不错。但是成功的一个关键在于成年人都会很认真地去对待这件事（而不是浅尝辄止）。一方面，你们必须要相信孩子们的能力；另一方面，你们要勇于承担责任，承认你们的努力是无效的。

当较大一些的孩子尿裤子的时候，会被看作是"坏习惯"或是"缺乏关注"。这有可能是真的。你们的孩子可能只是众多有这种行为的孩子中的一员，因为他们在家里觉得不舒服才会这么做。

他母亲的态度让我想起一个问题，那就是她是不是在和孩子沟通的时候，总是一板一眼，而且所有的东西都必须是正确的？也许儿子的行为是他反抗的方式？

每当听到孩子们由于症状而被送去做个体治疗时，我总是惊愕不已。就我的经验而言，整个家庭一起接受治疗会更好一些。这不代表说我们认为是父母的错，而是要帮助他们找到一种更好地和孩子建立联系的方式。

如果母亲、祖母、两位治疗师和其他很多人都如此地关注孩子的"习惯"，那么，孩子为什么要对此负责？儿童和成年人是一样的，在真正的原因被发现之前，都会固守症状的。但是在处理生活中孩子的问题时，所有的成年人都有着相似的理论和方法，因此他们没能大获成功。这可能就是在证明他们错了，而且他们应该去寻找另一种更合适的方式。

攻击性的争吵：干预，是或者否

父母：我的孩子们经常一起玩耍，但他们吵起来也非常粗暴且充满攻击性。他们两个也总是在一起玩，在这种情况下争吵就很正常了。但我总是会陷入那样的境地，我不知道什么时候以及我是否要去干预。先生，你能指点我一下吗？

贾斯伯：最佳的干预时间点是，当他们其中的一个身体上受到伤害或者你已经对他们的争吵忍无可忍的时候。在我看来他们对待冲突的行为是健康且有差异性的，所以你也应该把你的幸福放到一个重要的位置。

当你注意到你的孩子们喋喋不休地在争论某一个具体的问题的时候，你应该等到冲突散去、一切归于平静的时候拿出几分钟的时间和他们谈谈。

你要和孩子谈论争吵的情境并和他们一起找到解决问题的其他方法。孩子们经常需要在你们的帮助下认识到自己的边界，并在和周围人相处时去守护它。这些兄弟姐妹们之间的"训练"可以成为他们自尊以及社交技能的一个宝贵的来源。

怎么做才能消除孩子的恐惧

父亲：我们的女儿现在 4 岁，3 月的时候就满 5 岁了。她从生下来就很难入睡。她一晚上都会醒来 2~3 次。

目前我们又遇到一个问题，因为她害怕——她自己都说不清楚到底害怕什么，有的时候她会跟我们讲几个她做的噩梦或是巫婆什么的。两个月前她睡在我们的床上。我们已经做了很多的尝试：小夜灯，开着门，把可爱的小动物放在床上，和她说很多话，给她奖励，以及禁止她在父母的床上睡觉，从而让她尽可能地适应在自己的床上睡觉等。

我们能做些什么来消除她的恐惧或是怎么处理她的恐惧？

贾斯伯：让我首先推荐一本书《孩子们有恐惧》，在这本书中，您可以从多方面获得灵感来应对儿童的恐惧。

我不知道你的经验是怎样的，但是我经常在早上五点钟醒来，因为我经常连着好多天奔波在路上。有时候即使我不需要早起的时候，也会到点就醒了。

孩子们也是这样的，他们也会在一些固定的时间点一次次地醒过来。你女儿虽然快 5 岁了，但是已经可以去学习一些成年人的策略来帮助自己更好地入睡了。

例如，她可以打开她的灯，"读"一本书，她也可以去听一下舒缓的音乐，还可以看着天花板去幻想着即将到来的一天，或者可以想想上一次生日的情境或是另一段美好的经历。另外，练习深呼吸也是一种办法：恐惧和深呼吸是无法共存的。在最初的几次尝试中，您可以将手放在女儿的腹部来帮助她。但她很快就能学会这种方法。

关键的一点是，你的女儿要明白她应该为她的睡眠负责，只有她才能长久地帮助自己。当然，当她因为噩梦而醒来时，那是另外一回事。但即使在这种情况下，她也能在冷静下来的时候待在床上。她可以从中学到处理焦虑的新方法。

根本的信息是只有你的女儿才能成功地处理她的恐惧。她的父母、朋友或未来的伴侣可以暂时握住她的手，但最终是她要来承担这个责任。目前，恐惧在控制她，但在他人的帮助、支持下，她必须要学会控制恐惧。目前，她仍然认为她的父母可以带走她的恐惧，这是不对的。因此，要尽可能温和地调动出她自己的能力。

我们的家庭生活是一场独一无二的战争

母亲：我为此感到羞耻，但是每一次我都会尽可能晚一点从托管那里接走孩子。只是为了减少每天都要上演的闹剧和哭喊声。我的儿子今年 5 岁，我的女儿 4 岁，这两个人在一起的时候我们已经管不了了。一丁点的不公平都会演变成一大场闹剧，包括大吼大叫。不管我们怎么讲道理、冲他们吼、惩罚或是苦口婆心地解释，但是他们两个（特别是男孩）还是会因为一点的不满而大打出手。那种攻击性和暴力常常让我们头疼不已。

晚上睡觉或是离开家的时候就只有责骂、告诫、威胁。我们彼此的冲突螺旋式升级，同时孩子们也开始司空见惯——我大声说话的时候没有人会在意。我们在一起的时间大部分都充满了冲突、吵闹、对抗和挑衅，真是糟糕透顶。更可怕的是我们离我们所期待的家庭状况越来越远。

当然，没有哪个家庭永远是和谐的，但是我们的家庭里除了战争就是战争。而且不管怎样都没有赢家。我们难以置信地失去了许多共同的时光，那些时光一去不返。因此我没少一个人在夜里哭泣。除此之外我真的很担心，担心这种攻击性和暴力的行为会随着年龄的增长变得越来越严重。

这是我 / 我们的问题吗？我们还能做点什么呢？我不知道该如何继续。

贾斯伯： 我同意你的观点，你所描述的情况的确很糟糕。由于家庭领导力不足导致所有人都处于痛苦之中。你迫切需要的是一个持续数月的好的家庭咨询，指导你重新找到你的领导角色并感到舒服为止。

我的建议是：在选择咨询师的时候要非常慎重。许多咨询师主要关注症状（即孩子的行为），而很少去关注什么才是良好的父母养育。如果 2~3 个治疗疗程之后，你家的情况还没有好转，那么就请去换一个新的治疗师。

如何让我的儿子离开电脑屏幕

母亲：我是一个独自抚养着两个男孩和一个女孩的单亲妈妈。有时我和那个差不多 16 岁的儿子水火不容，我经常感到无助、无力和愤怒。冲突是：我希望他可以为家里多分担一些，至少在学业上他可以多上心一些，顺利完成初中的学业。他想要整天（整晚）都摆弄他的手机、电脑之类的，这样一来他就无暇顾及其他事情。我们做了很多尝试。我们一起制定的规则总是被忽视、绕圈子或是反复地讨价还价。然后我这边就开始一再妥协来应对他的各种抗议，到最终都会全线崩溃，一场熟悉的"极度消耗、无的放矢，当然也谈不上什么尊重的权利斗争"就被引发了。我的情绪（或者通常形式上）经常很快就会出来。过一会儿才可以重新进行理智的对话，然后又重蹈覆辙。

我知道对此我负有责任，而且每次争吵之后我总是能看到自己的不安全感和不确定性。希望你可以给我一些建议，如何摆脱这种螺旋式的怪圈。

贾斯伯：我很难回答你的问题，因为我对你在过去 15 年里如何解决与你儿子之间的冲突一无所知。在我看来，另一个重要的因素是你是他的母亲，他似乎没有经验，对于如何处理男女之间的差异性，他似乎也没有一个好的榜样。这有可能也是为什么他总是用所有的"枪支弹药"将自己武装起来，准备随时应战的一个原因。

我的建议是你们先暂时休战。请给他 5 分钟的时间，让他安静地听你说话。你这样来说："我面临着一个很大的困难，而且毫无头绪。当我看到你在自暴自弃的时候、当你毫无节制地玩电脑和手机的时候，都会让我觉得非常不高兴。尽管我也意识到我本身也有不可推卸的责任，这也是我想改变的一个原因。我希望（不是"我想要"）就这个问题而言，我们之间可以先休战一个月，一个月以后我们再来一起考虑我们应该怎样从长计议，来处理这件事情。"

当然，一个月以后你可以再和你的儿子坐到一起。这是我能给你的最好的建议，这样一来你就不需要举手投降、放弃自我，你可以找到更好的方式来承担你的责任。你、他，以及我们都知道，最后你的儿子能做他想做的——应该会是这样的。我们所寻求的方法就是如何使他能够对自己的学习和生活负责任。

一个月之后，你们两个人都会了解到，他在没有压力的情况下的行为。许多年轻人自己都会意识到，每周 7 天，一天 24 个小时就这么盯着荧光屏坐着对他们也没多好。

作为父母我们能够结束战争并且希望结果是最好的。我们能够去练习怎样从积极的方面去影响我们的孩子，欣赏、赞扬并和我们的孩子建立一个友好的关系。

最糟糕的情况是你的儿子已经失去了很多。但是无论我们怎样转变或是帮助，这都是他的责任，你可以因此而哭泣，但是要确保你是在和他一起哭，而不是自己一个人哭，要让他感受到你的难过和焦虑。